퍼스트클래스 승객은
펜을 빌리지 않는다

비행기 1등석 담당 스튜어디스가 발견한 3%의 성공 습관

퍼스트클래스 승객은
펜을 빌리지 않는다

미즈키 아키코 지음 l 윤은혜 옮김

중앙books

내가 비행기에서 만난
300만 명의 성공 멘토들

안녕하세요. 이 책에서 여러분을 담당할 전직 승무원 미즈키 아키코입니다.

여러분은 성공한 사람들의 밀도가 가장 높은 곳이 어디라고 생각하십니까? 회의실? 임원실? 국제회의장? 고급 리조트?

저는 국제선 퍼스트클래스라고 생각합니다. 퍼스트클래스 객실은 좁은 기내에 각 분야의 성공한 사람들이 모여 있는 밀도 높은 공간입니다. 이코노미클래스에 비해 다섯 배 이상의 요금을 치르고 비행기를 타는 퍼스트클래스 승객들은 성공한 사람 중에서도 소수만 탈 수 있는 공간입니다. 그런 곳에서 저는 일본 및 외국 항공사를 통틀어 총 16년간 승무원으로 근무하면서 많은 VIP 승객께 퍼스트클래스 객실 서비스를 제공했습니다.

일반적으로 300석 비행기의 경우 퍼스트클래스 좌석은 아홉 석인 경우가 많습니다. 300석 중 아홉 석이라면 전체 좌석 수의 약 3퍼센트에 해당합니다. 일본 부유층은 전체 인구의 2~3퍼센트 정도라고 합니다. 단순히 돈으로 측정한 수치일 수 있지만 이들은 자신의 뜻을 이룬 성공한 사람이기도 합니다. 꿈을 이뤄 부를 축적한 사람들의 수가 퍼스트클래스에 탄 승객들의 비율과 동일하다는 것을 알게 되었습니다.

승무원 시절 저는 퍼스트클래스 승객들에게는 공통된 습관이 있다는 것을 알게 되었습니다. 대화법, 메모하는 방법, 발성, 주위 사람을 대하는 태도, 걷는 자세, 독서법, 여성을 대하는 태도, 시간 관리법까지 성공한 사람들에겐 그들만의 습관 DNA가 있었습니다.

처음엔 눈치채기 어려운 개인적인 습관이라 생각했습니다. 그러나 16년 동안 승무원으로 근무하면서 이런 데이터가 누적되다 보니 이것이 성공한 사람들에게 공통된 귀중한 습관이라는 사실을 깨달았습니다. 작지만 남다른 습관들이 큰 성공을 불러온 것이죠. 이 습관은 누구나 금방 따라할 수 있는 것이지만 실천하는 사람은 매우 적었습니다.

"내 일에서 성공하고 싶다."

"내 분야에서 당당한 전문가가 되고 싶다."

"내가 바라는 가장 완벽한 내 모습에 가까워지고 싶다."

마음속에 품은 이런 꿈을 실현하는 가장 효과적인 방법은 자신의 꿈을 실현하는 데 성공한 사람에게 그 방법을 배워서 몸에 익히는 것입니다.

저는 승무원을 그만두고 2006년 회사를 설립했습니다. 지금은 사람들 앞에 나서서 강연을 하고 있으며 책도 여러 권 출간했습니다. 컨설턴트, 학원 강사, CEO, 회계사 등 제 이름에 따라붙은 직함은 한두 개가 아닙니다. 모두 퍼스트클래스에서 배운 것을 꾸준히 실천해온 결과입니다.

지금의 위치를 '성공'이라고 부르기에는 아직 부족한 점이 많습니다. 하지만 누군가 저에게 성공의 비결을 묻는다면, 저는 퍼스트클래스에서 배운 것을 열심히 실천했을 뿐이라고 대답할 것입니다.

최근 책에서 읽은 다음 문장이 저의 마음을 대변해주는 듯하여 여기에 적어봅니다.

"체격, 나이, 인종, 성별, 학력은 상관없다. 성공한 사람과 같은 행동을 하면 누구나 언젠가는 그들처럼 성공할 수 있다. (중략) 만약 당신이 성공한 사람의 사고방식을 습득한다면 그들과 같은 성과를 맛볼 수 있을 것이다."

— 브라이언 트레이시, 《한 가지로 승부하라》 중에서

독자 여러분께서 오해하지 않았으면 하는 점이 있습니다. 퍼스트클래스에 타는 것이 인생의 목표가 될 수는 없다는 것입니다. 퍼스트클래스에 타는 승객이라고 해서 모두 본받을 만한 사람은 아닙니다. 승무원 생활을 하는 동안 좌석을 불문하고 배우고 싶은 좋은 사람은 어느 곳에나 있다는 것을 알게 되었습니다. 퍼스트클래스에 탈 능력이 되는 분들도 이코노미클래스에 탑승합니다. 퍼스트클래스 승객이 되는 것은 성공에 따라오는 부차적인 결과일 뿐입니다.

다만 퍼스트클래스 승무원으로 일하며 일반인들이 만나기 힘든, 세상이 성공했다고 인정하는 승객들을 자주 만나고 면밀히 관찰할 수 있었습니다. 방송이나 신문에서나 만나볼 수 있었던 사람들을 한 공간에서 짧게는 2시간부터 길게는 20시간까지 오랜 비행시간 동안 함께할 수 있었습니다. 그들이 스스로를 단련하고 가다듬은 모습과, 서비스를 제공하며 오히려 제가 감동을 받았던 모습을 많은 분들과 공유하고 싶었습니다. 작은 향신료만으로도 늘 먹던 음식이 태국요리가 되기도 하고 인도요리가 되기도 하는 것처럼 작은 습관이 새로운 성공을 좌우하는 중요한 역할을 할 수 있는 것입니다.

저는 퍼스트클래스 승객 중에서도 특히 자신의 힘으로 기업을 일군 창업자에게 관심이 많았습니다. 세계적인 불황의 여파 속에서도 그들은 어떻게 맨주먹으로 시장을 개척해 퍼스트클래스를 애용할 수 있는 승객이 될 수 있었는지 궁금했습니다. 그들은 어떤 상황도 헤쳐나갈 수 있는 진정한 정공법을 몸에 익히고 있었습니다. 그들에게서 배울 점을 찾아 내 것으로 만들어간다면 어느새 나의 역량이 한층 성장한 것을 느낄 수 있을 것입니다.

20대 때 저는 성공한 사람들의 모습을 보며 도움이 될 만한 내용을 메모로 기록하곤 했습니다. 때로는 '이런 분이 직장 상사나 선배로 내 주위에 있다면 정말 좋을 텐데' 하고 머릿속으로 상상해보기도 했습니다. 주위 사람들의 마음을 사로잡고 그들의 힘을 모아 더 큰일을 도모하는 원동력으로 바꾸어나가는 모습에 감동했던 것도 바로 어제 일처럼 생생하게 기억합니다.

세상은 불공평한 곳입니다. 집안 형편이 부유하지 않아서, 천재가 아니라서, 외모가 부족해서, 학벌이 좋지 않아서 등의 다양한 이유로 인해 불평등은 어쩔 수 없이 존재합니다. 하지만 비록 이런 한계가 있더라도 항상 남의 입장을 고려하고 배려하는 노력을 멈추어서는 안 된다는 사실을 저는 성공한 사람들에게 배웠습니다. 상대방과의 거리와 자신의 위치를 생각하면서 같은 눈높이에서 커뮤니케이션하는 것, 그것이야말로 퍼스트클래스 사람들의 작은 습관이 만들어내는 진정한 매너입니다.

책의 내용 중 구체적인 상황을 묘사하는 에피소드도 등장합니다. 이런 경우 항공사의 고객 정보 보호를 위해 익명을 사용했으니 이해해주시기 바랍니다.

그럼 이제 드넓은 하늘을 향해 이륙합니다. 비행 도중 기류가 불안정한 지점을 통과할 수도 있지만 운항에는 전혀 지장이 없으니 안심하시기 바랍니다. 저 미즈키 아키코가 여러분의 성공 비행과 함께하겠습니다.

제1장

퍼스트클래스의
성공 습관

성공한 사람들은
역사책을 읽는다

퍼스트클래스 승객의 겉모습에서 찾을 수 있는 대표적인 특징으로 짐이 가볍다는 점을 들 수 있다. 선반이 짐으로 꽉 차는 경우를 거의 본 적이 없다. 이는 여성 승객인 경우에도 마찬가지다. 물론 퍼스트클래스 승객의 수화물 허용 기준이 다른 좌석에 비해 넉넉한 편이기 때문일 것이다. 그리고 비행기를 많이 타봤기 때문에 기내에서 무엇을 할지 머릿속에 정리가 돼 있을 것이다.

기내에 탑승하는 승객의 모습을 보면 대부분 가벼운 가방 하나와 다른 한 손에는 책을 들고 있다. 될성부른 사람은 손에서 책을 놓지 않는 특성이 있다. 퍼스트클래스 승객들은 유독 '활자 중독'이라 부를 만한 사람들이 많다.

퍼스트클래스에는 책을 읽는 사람이 정말 많다. 내 경험으로는 여덟 권의 책을 가져와 비행 중에 전부 읽은 승객이 그중 최고 기록이었다. 목적지가 어디였는지는 잊어버렸지만, 커피 한 잔을 옆에 두고 13시간가량의 비행시간 동안 각기 다른 분야의 책 여덟 권을 읽었으니 1.6시간마다 한 권꼴로 읽은 셈이다. 상당한 속독 실력이다. 끊임없이 머릿속에 새로운 정보를 입력하기 때문에 그만큼 새로운 아이디어와 전략을 내놓을 수 있는 것이리라. 이것 역시 내가 퍼스트클래스에서 배운 성공의 비결 중 하나다.

어느 날부터 나는 퍼스트클래스의 승객이 어떤 책을 읽는지 유심히 살펴보았다. 승객들이 가장 많이 읽는 작가는 GE의 CEO인 잭 웰치의 책도, 《경쟁우위의 법칙》의 마이클 포터도 아닌 역사소설 작가 시바 료타로(司馬遼太郎, 1923~1996. 일본 역사소설을 완성한 것으로 평가받는 소설가. 대표작으로는 《료마가 간다》 등이 있다-옮긴이)였다. 시리즈로 되어 있는 책을 여러 권 쌓아놓고 읽는 승객도 있었다. 또 이케나미 쇼타로(池波正太郎, 1923~1990. 일본을 대표하는 역사소설가. 대표작으로 《일본 전국을 통일한 3인 영웅전》 등이 있다-옮긴이)도 선호했고, 장르 중에서는 전기와 역사소설이 많았다.

왜 퍼스트클래스 승객들은 역사서를 많이 읽는 것일까? 역사 속의 위인에 대한 책을 많이 읽는 것은 무의식중에 자신의 멘토를 찾고 있기 때문이 아닐까? 일을 하면서, 또는 인생을 살아가면서 현명한 가르침을 얻을 수 있는 정신적인 스승 말이다.

나도 많은 사람들을 만나면서 나의 멘토를 찾아다녔다. 누군가를 멘토로 삼을 때 그 사람에게 허락을 받을 필요는 없다. 내가 누군가를 나의 멘토로 인정했다면 그의 책을 읽고 사상을 공부하고 그의 사고방식을 닮아가고자 노력하는 것으로 충분하다. 퍼스트클래스의 승객들은 나에게 있어 인생 최초의 멘토라 할 수 있다. 이렇게 가까이에서 성공한 사람들을 접할 수 있었던 것은 내 인생에서 매우 소중한 기회였다.

퍼스트클래스 승객들이 시중에 유행하는 베스트셀러를 읽는 경우는 드물었다. 나 역시 책을 많이 읽으려고 노력하고 공항 서점에 들러 책을 자주 구입하는 편이다. 그러나 승객들이 읽는 책은 내가 서점에서 보지 못한, 잘 알려지지 않은 저자들의 책인 경우가 많았다. 최신 유행하는 예쁜 표지보다는 투박한 표지의 묵직한 책을 읽고 있었다. 워낙 다독가이다 보니 자신만의 내공이 있어 책을 보는 안목이 일반인과는 다른 것이다.

내가 회사를 운영하면서 만난 파트너들 역시 대부분 책을 손에서 놓지 않았다. 늘 약속 장소에 먼저 도착해 책을 읽고 있었다. 그들 역시 동양 고전을 많이 읽었다. 책 구석구석에 메모를 남겼고 책 귀퉁이가 접혀 있거나 종이냅킨 같은 것이 꽂혀 있는 경우도 많았다. 포스트잇으로 군데군데 표시를 해놔 나중에 찾기 쉽도록 분류하는 모습도 눈에 띄었다. 일종의 지식 경영이라 할 수 있겠다. 한 경영자는 내게 이렇게 말해주었다.

"천 년이 넘은 글에 특히 귀중한 아이디어가 많이 숨어 있습니다."

내가 승무원으로 활동할 당시에는 비행기가 독서실이 아닐까 싶을 정도로 책을 읽는 승객들이 많았다. 주스나 커피 한 잔을 옆에 두고 독서등을 켜고 두꺼운 책에 푹 빠진 승객이 많았다. 그러나 최근 비행기를 타면 발달하는 전자기기 탓인지 책을 들고 있는 승객들이 전보다 많이 줄어들었다. 여행서를 제외하면 진정한 독서를 위해 책을 들고 타는 승객도 많지 않다.

그렇지만 아직도 성공한 사람들에게는 독서가 단순한 오락이나 시간 때우기가 아니라 삶의 일부다. 성공에 있어 책은 분리할 수 없는 필수 존재다.

지독한
활자중독자들

비행기에는 승객을 위해 신문이 서비스된다. 유독 퍼스트클래스에서는 신문을 가져다달라는 요청이 드문 편이다. 처음엔 퍼스트클래스 승객들이 신문을 안 읽는 줄 알았다. 그러나 주요 일간지는 비행기를 타기 전에 이미 읽고 왔다는 것을 나중에 알게 됐다. 석간신문이 배포되는 시간대에 출발하는 비행편에서는 가끔 요청이 들어올 때도 있지만, 특히 조간신문은 자택에서나 차로 이동하는 동안에, 아니면 공항 라운지에서라도 꼭 읽는 것이다. 정보 습득을 그만큼 빠르고 중요하게 여긴다는 뜻이다.

　언젠가는 기내에서 승객이 석간신문에 실린 기사 내용에

대해 질문을 던지는 바람에 당황스러웠던 적이 있다.

"자네가 다니는 이 항공사 말일세, 이번에 굉장히 적자가 났다고 신문에 실렸더군. 예전 경영진의 사업 투자가 실패한 것이 주요 원인이라고 하던데 회사 내부에서는 어떤 얘기가 오가고 있나? 다음번 성과급 금액에도 영향이 클 텐데."

내가 모르는 내용인 데다 선뜻 대답하기 어려운 질문이라 어떻게 이야기하면 좋을지 알 수가 없었다. 그래서 결국 "이럴 때일수록 응원해주시는 승객들을 위해 최선을 다하려고 합니다"라는 뻔한 대답으로 얼버무리고 말았다.

이렇듯 승무원은 신문기사까지 주의 깊게 살펴보아야 하는 입장이다. 승객이 질문을 했을 때 내가 그 내용을 알지 못하면 더 이상 대화가 이어지지 않기 때문이다.

최근에는 신문을 구독하지 않는 사람이 점점 늘어나고 있다고 한다. 일본신문협회가 발표한 자료를 보면 한 가구당 구독 신문 부수는 꾸준히 감소세에 있음을 알 수 있다. 1997년 1.18부였던 것이 2011년에는 0.9부까지 줄어들었다.

시간이 돈인 사람들이 유독 긴 시간을 들여 신문을 보는 데는 그만한 이유가 있었다. 뉴스는 인터넷으로도 얼마든지 볼 수 있지 않을까 생각하겠지만, 매일 신문을 구독하면 신문

읽는 시간을 정해진 하루 일과로 편입시킬 수 있다는 장점이 있다. 매일 신문을 읽으면 사회 현상이나 경제의 흐름을 이해할 수 있고 더 나아가 앞으로의 전망도 예측할 수 있게 된다.

신문을 읽는 이유는 단순히 최신 정보를 얻는 데 있는 것이 아니다. 전문가들이 정리해 짚어주는 사회 현상이나 경제, 국제 동향 등을 맥락을 놓치지 않고 파악할 수 있다. 세상 돌아가는 지혜도 얻고 이를 통해 자연스럽게 안목을 키우고 지적 수준을 높일 수 있다.

그런 과정을 통해 내가 가진 카드를 언제 꺼내들어야 하는지 감각을 기를 수 있다. 내가 가진 카드란 신상품에 대한 아이디어, 새로운 기획, 머릿속에 정리해둔 전략 등을 뜻한다. 비장의 카드를 꺼내들 결정적인 순간은 자주 찾아오지 않고, 한 번 놓치면 다시 기회를 잡기 힘들다. 그 순간이 찾아왔을 때 놓치지 않기 위해서라도 평소 신문을 읽어두어야 한다.

성공은 혼자 이룰 수 없다. 늘 자신보다 뛰어난 사람과 교류해야 하며 그들에 걸맞은 지적 수준을 갖춰야 한다. 중요한 자리에 가기 위해서 좋은 옷을 차려입듯이 중요한 사람들과 만나기 위해서는 좋은 지식과 안목을 갖춰야 한다. 그러기 위해 퍼스트클래스 승객들은 늘 책과 신문을 가까이 하고 있었다.

한 경영자의
오래된 만년필

◆

퍼스트클래스의 승객은 보통 'L1 도어'라고 불리는 맨 앞쪽 비상구로 탑승한다. VIP 승객은 VIP 라운지를 통해 목에 ID 카드를 걸고 있는 지상 직원의 인도를 받으며 탑승한다. 장관급 공무원이나 유명 스타는 공항을 이동하는 동안 SP (Security Police, 유명인의 경호를 담당하는 특수경찰—옮긴이)가 안내한다. 비서를 비롯한 부하 직원을 대동하여 퍼스트클래스 라운지를 통해 탑승하는 경우도 있다. 이런 경우 탑승 후 비서와 부하 직원들은 상사가 퍼스트클래스에 들어가는 것을 확인한 뒤 비즈니스석이나 이코노미석으로 옮겨간다.

승객이 탑승하는 동안 승무원은 출입구 옆에 서서 "○○ 님,

오늘 저희 비행기를 이용해주셔서 감사합니다" 하고 인사를 하면서 승객을 자리까지 안내하고 재킷과 코트, 짐 등을 받아 보관한다. 그럴 때 감탄하게 되는 것이 있는데, 퍼스트클래스의 승객은 자신의 옷을 정말 소중하게 다룬다는 점이다. 그리고 승무원들이 받아서 옷걸이에 걸기 쉽도록 방향을 바꾸어 건네준다.

물론 가끔은 겉옷을 좌석 등받이에 대충 걸어두는 승객도 있지만, 내가 눈여겨본 경영자들은 모두 옷을 다루는 태도에도 성의가 있었다. 자신의 소지품을 소중하게 다루고 승무원에게 건네줄 때도 배려를 아끼지 않는 자세는 존경할 만하다.

옷을 건넬 때 "고마워요" 하고 한마디 인사를 덧붙이는 것을 잊지 않는다. 사소한 말 한마디일 뿐이지만, 아무 말 없이 좌석 등받이에 걸쳐둔 채 신경도 쓰지 않는 사람과는 전혀 다른 인상을 준다. 승무원도 사람이기 때문에 그런 승객의 소지품을 다룰 때는 손길이 더욱 조심스러워진다. 그리고 비행하는 내내 더 신경을 써야겠다는 생각을 하게 된다.

언젠가는 겨울에도 코트가 필요 없다는 승객을 만난 적이 있다. 그 승객 같은 경우는 전부 전용 차량이 공항 바로 앞까지 마중을 나와 있기 때문에 실외를 걸을 일이 없었다. 그 승객은 "코트를 사고 싶기는 하지만 어디 입을 기회가 있어야 지" 하며 농담조로 이야기했지만, 겨울에도 코트가 필요 없는 생활이라니 역시 퍼스트클래스의 세계는 놀라운 곳이구나 하는 생각이 들었던 순간이다.

성공한 사람들은 자신의 물건을 소중히 다루곤 했다. 단지 비싸서 그런 것이 아니라 자기가 갖고 있는 물건을 귀하게 여 기는 습관을 갖고 있었다. 내가 사업을 하면서 흥미로운 이야 기를 들은 적이 있다. 지인이 타 회사의 경영자와 계약을 할 때의 일이었다.

지인이 계약서에 서명한 후 경영자의 서명만 남았다. 그런 데 경영자는 건네받은 고급 만년필을 계약서 앞에 두고는 서 명을 하지 못하고 망설이고 있었다고 한다. 모습을 본 지인은 혹시 계약서에 문제가 있는 것이 아닌지 걱정이 됐다. 그래서 이유를 묻자 그 경영자는 이렇게 말했다고 한다.

"중요한 계약이라 제 만년필로 서명을 하고 싶습니다. 그래 도 되겠습니까?"

지인은 당연히 동의했고 사람들은 얼마나 대단한 만년필인 지 기대하며 그의 행동을 지켜보았다. 그러나 경영자의 품에 서 나온 것은 오랜 세월 쓴 흔적이 역력한, 일반 브랜드의 저렴한 만년필이었다.

　서명을 마치고 주위의 시선을 끌어 조금 민망했던지 경영자는 만년필에 얽힌 자신의 이야기를 들려주었다. 그 만년필은 자신이 중학교 때, 어려운 시절 아버지가 선물해준 것이었다. 아끼며 간직하고 있다가 성장한 후 중요한 일이 있을 때면 꼭 그 만년필로 서명을 했다고 한다. 그 만년필로 서명을 하면 좋은 결실을 보았기에 행운의 마스코트로 여기며 소중히 간직하고 있다는 것이다. 그 자리에 있던 사람들은 그 경영자가 갖고 있던 추억이 담긴 만년필을 부러워했다고 한다.

　성공한 사람들의 특징은 세월의 흔적이 담긴 자신만의 명품을 늘 지니고 있었다. 브랜드가 명품이라는 것이 아니다. 비싸서 그런 것도 아니었다. 30년 전 부인이 사준 지갑, 딸이 만들어준 자수 열쇠고리, 아버지가 선물해준 만년필, 라이터, 도장, 시계에 이르기까지 값으로 따질 수 없는 추억이 담긴 물건을 소중히 지니고 있었다. 물품에 담긴 오래된 추억에 감사하며 좋은 파트너처럼 애착을 지니고 있었다. 그 물건에서 좋은 기운을 얻는 것이다.

　또 자신의 물건을 보면서 항상 초심을 되새긴다고 한다. 자신의 오래된 만년필을 통해 어려운 시절 자신을 위해 헌신한

아버지를 떠올리고 늘 초심을 다지며 계약을 하는 사람이 성
공하지 않을 수는 없을 것이다.

1등석 승객은
펜을 빌리지 않는다

기내 서비스 중에서 가장 큰 비중을 차지하는 식사 시간이 끝나고 나면 면세품 판매와 입국서류 배부, 취침 준비 등으로 승무원들은 다시 한번 분주한 시간을 보낸다.

특히 이 시간대에 비행기 통로를 지나가다 보면 최소 열 명 정도의 승객이 펜을 빌려달라고 부탁한다.

승무원은 보통 블라우스 가슴 주머니에 볼펜을 두 자루 끼워 둔다. 그런데 항상 두 자루로는 모자라기 때문에 승객이 다 쓰고 돌려주면 그 즉시 다음 승객에게 다시 빌려드리기를 반복하게 된다.

그러다 보면 볼펜은 어느새 어디론가 사라져버린다. 일을 시작할 때는 분명 두 자루 있었던 펜이 하나도 남지 않고 사라지고, 동료 승무원의 펜을 빌리면 그것도 또 승객들 사이를 돌다가 사라지기를 반복한다. 어떨 때는 본 적도 없는 펜이 일곱 자루나 주머니에 들어 있었던 적도 있다. 그래서 승무원들은 흔하고 저렴한 펜을 사용하는 경우가 많다.

그런데 놀랍게도 퍼스트클래스에서 근무할 때는 펜을 빌려달라는 부탁을 받은 적이 단 한 번도 없다. 갖고 있던 펜이 잉크가 다 떨어져서 빌려야 했던 승객은 있었지만, 아예 펜을 가지고 있지 않으니 빌려달라는 부탁을 받은 적은 없다. 퍼스트클래스의 승객들은 항상 메모를 하는 습관이 있기 때문에 모두 자신만의 필기구를 지니고 다녔다. 자신의 펜으로 작은 입국서류에 정자체로 정성껏 이름을 적었다.

필기구를 찾고 있는 듯한 승객이 있어서 "펜을 빌려드릴까요?" 하고 여쭤봤다가 "코트 안주머니에 들어 있으니 가져다주지 않겠나?" 하는 대답이 돌아온 적은 있다. 다른 사람에게서 아무 펜이나 빌리기보다는 자신의 펜을 사용하겠다는 의지를 보였던 것이다. 그리고 코트 주머니에서 찾아서 좌석으로 가져다드린 그 승객의 펜은 승객에게 어울리는 중후한 느낌이 드는 것이었다.

　매일 사용하는 물건인 만큼 자신의 소장품에 자부심을 갖고 소중하게 사용하고 있다는 것을 알 수 있었다. 사소한 소지품에 대해서도 자기 것을 아끼는 퍼스트클래스 승객의 모습을 보면서 나는 소지품을 어떻게 취급하고 있는지를 돌아보는 계기로 삼을 수 있었다.

돈 안 드는 메모 습관이
인생을 역전시킨다

메모의 중요성은 익히 들어 알고 있을 것이다. 메모에 관한 책만 해도 수없이 많다. 그러나 메모를 실천하는 사람과 그렇지 않은 사람은 큰 차이가 있다는 것을 알게 되었다.

퍼스트클래스 승객들은 얼마나 세세한 내용까지 메모를 하는지 모른다. 보고 있는 내가 깜짝 놀랄 정도였다. 메모를 하는 것은 퍼스트클래스를 이용하는 경영자들이 공통적으로 가진 습관이었다.

메모뿐 아니라 공통적으로 나타나는 습관은 여러 가지가 있다. 이 습관들은 대부분 매우 쉽고 간단하게 실천할 수 있는 것들이다. 누구나 할 수 있는 것이라고 해서 무시하지 말고 꾸준히 실천해 나의 습관으로 만들어보자. 내 주위의 환경이 어느새 달라져 있음을 실감할 수 있을 것이다.

메모는 최강의 성공 도구다

《메모의 힘》의 저자인 사카토 겐지는 정보가 가장 강력한 힘이 되는 21세기에는 머리와 마음을 정리하는 메모가 가장 강력한 무기라고 말했다. 또 성공하는 사람과 그렇지 못한 사람의 차이는 메모를 하느냐 안 하느냐에 있으며, 메모는 돈이 안 드는 최강의 도구라고 말한다.

메모하는 습관을 가지면 좋다는 사실은 다들 알고 있을 것이다. 하지만 막상 실천하기는 쉽지 않다.

"직장 상사가 지나가는 사람을 갑자기 불러 세워서 얘기하는데 어떻게 메모를 하라고."

메모를 하는 습관을 들이라고 하면 이런 식의 항변이 돌아오곤 한다. 하지만 퍼스트클래스의 승객들은 비행기 승무원과 이야기를 나눌 때도 자주 메모를 했다. 승무원이 말하는 내용을 계속 적어나가는 것이다. 상대방이 내 말을 메모하고 있는 모습을 보면 대충 얼버무리거나 쉽게 말로 넘어가면 안 되겠다는 생각이 들 것이다. 그들은 손바닥에 쏙 들어오는 작은 크기의 수첩을 항상 가지고 다니다가 메모를 해야겠다 싶을 때 바로바로 꺼내들었다. 코트는 다른 곳에 보관해도 수첩과 펜은 늘 챙겼다. 메모하는 것이 습관이 되어 적는 행위가 말하는 것처럼 어색함이 없었다.

다른 사람의 명함 뒷면에 메모를 해서는 안 된다는 것은 잘 알려진 비즈니스상 금기다. 그러나 퍼스트클래스의 승객은 신경 쓰지 않고 명함 뒷면에도 아무렇지 않게 메모를 했다. 그것을 보면서도 전혀 불쾌하지 않았던 것이 신기했다.

게다가 돌아오는 비행기에서 만날 때 내 이름을 기억해주는 경우도 있다. 보통은 눈인사만 하고 넘어가도 반가운데 내 이름을 불러주며 반갑다고 말하는 승객에게는 아무래도 더 정성이 가게 마련이었다. 처음 만나는 사이라도 이름을 기억하고 불러주면 금세 친해지게 된다.

이름을 기억하는 것이 얼마나 대단한 일인가 싶겠냐마는 나의 경우 내 이름을 기억해주는 승객에게 더 각별한 정성을 쏟게 되었다. 승객별로 서비스가 다를 수는 없겠지만 눈길이라도 한 번 더 가게 되는 게 사람 마음이었다. 승무원 시절 이름을 불러주는 작은 정성의 힘을 깨닫고 내가 훗날 사업을 하게 됐을 때 나 역시 한 번 본 사람의 이름을 메모하고 기억해 이름을 불러주곤 했다. 이 작은 습관이 내가 여러 파트너와 좋은 관계를 맺는 데 큰 도움이 되었다.

퍼스트클래스의 승객 중에는 기내 화장실에 가면서도 종이와 펜을 가져가는 분도 있었다. 비위생적이지 않을까 걱정이 되었지만 개의치 않는 사람이 의외로 많은 모양이다. 록그룹서던 올스타즈의 구와타 게이스케(桑田佳祐)도 집에 있을 때는 화장실에 앉아서 메모를 하면서 곡을 만든다고 한다. 뛰어난 아이디어는 가장 긴장이 풀렸을 때 탄생하기 때문일 것이다.

기록하는 행위가 주는 신뢰

일 이야기가 오갈 때, 회의를 할 때, 중요한 미팅을 할 때……. 최근에는 이렇게 중요한 순간조차 메모를 전혀 하지 않는 사람이 많아지고 있다. 모두 자신의 기억력이 뛰어나다고 자신하는 것일까? 메모를 하지 않는 사람은 막상 일을 시작했을 때 지시를 제대로 이해하지 못하고 실수를 하거나 몇 번이고 되묻기 일쑤다.

그러고는 "저는 ○○인 줄 알았습니다", "저는 ○○로 할 생각이었는데요……" 하고 변명을 늘어놓기 바빴다. 이런 태도는 '다른 사람이야 어떻게 생각했든, 나는 ○○라고 생각했다' 또는 '확인은 안 했지만, 일부러 실수한 건 아니니까 화내지 마세요' 이런 속마음이 숨어 있는 뻔뻔한 태도다. 변명을 하면 할수록 평판은 더욱 나빠질 뿐이다.

비행회의 때 내 말을 메모하며 듣는 직원과 그러지 않은 직원의 업무 태도도 차이가 컸다. 당장 기록의 효과가 드러나는 것은 아니었다. 초기에는 다 비슷비슷한 실수를 한다. 그러나 장기적으로 봤을 때 수첩에 기록하며 적은 직원이 일을 배우는 속도가 빨랐고 실수가 적었다. 그래서 나는 후배나 직원들에게 빨리 일을 배우고 싶다면 반드시 메모하는 습관을 가지라고 충고한다.

메모를 하면 일일이 되묻고 확인하거나 지시를 착각할 확률이 매우 낮아진다. 그 결과 일 처리가 확실해지고, 자연히 신뢰받을 수 있게 된다. 메모를 하려면 상대방의 이야기에 집중해야 한다. 듣는 사람의 태도를 보면 그 사람이 집중하고 있는지 건성으로 듣고 있는지 일목요연하게 알 수 있다.

실제로 나 역시 메모 덕분에 퍼스트클래스의 승객으로부터 신뢰를 받은 경험이 있다. 가끔 본인의 기내 스케줄을 시간순으로 메모해서 승무원에게 건네주는 승객이 있다. 몇 시까지 취침할 것이며 몇 시에 식사 서비스를 달라 하는 자신의 개인 스케줄을 메모해주는 것이다. 승객이 준 메모는 내가 받았다고 해서 나 혼자 가지고 있을 수 없다. 다른 승무원들도 승객의 전달사항을 함께 보고 서비스에 활용하기 위해 비행기의 조리실에 붙여두어야 하기 때문이다.

그래서 나는 승객이 준 메모의 내용을 다른 종이에 옮겨 적고 거기에 나의 의견을 덧붙여 확인용으로 돌려드렸다. 승객의 메모에는 다음과 같이 적혀 있었다.

"이륙한 후 잠자리에 들고 싶으니 식사는 취소. 물수건과 치즈, 그 치즈에 어울리는 레드와인을 가져다주십시오. 와인을 마신 뒤에는 브랜디도."

나는 각 항목의 내용에 맞추어 그날 비행기에 탑재된 식료품 목록을 참고해 추천하고 싶은 와인과 치즈의 조합 그리고 브랜디의 종류를 기입했다. 그뿐 아니라 옷을 갈아입기 편한 시간대와 아로마 서비스를 준비할 시간에 대한 나의 의견도 함께 적었다.

승객은 내가 전달한 메모에 대해 크게 만족했다. 승무원에게 메모를 건네기는 했지만 정말 이대로 실행해줄 것인가, 잊어버리는 것은 아닐까 하는 불안을 해소해주었기 때문이다. 그 승객은 회사에 이런 말을 남겼다고 한다.

"이번 비행에는 부탁한 내용을 확실하게 이해하고 그 이상의 배려로 대응해주는 승무원이 있어서 기뻤다. 덕분에 안심하고 잠들 수 있었다."

그 이야기를 전해 들은 나는 큰 보람을 느꼈다. 확실하다는 평가를 받고 신뢰를 얻고 싶다면, 지금 당장 메모하는 습관을 시작해보자.

아이디어를 각인시켜 보존하는 메모의 힘

퍼스트클래스의 비즈니스 엘리트들은 승무원에게 질문을 할 때도 메모를 하면서 우리의 이야기를 진지하게 경청했다. 퍼스트클래스 승객은 비행기를 한 번 타는 데 200만 엔에 달하는 비용을 지불하는 별세계 사람들이다. 그런 사람이 우리 같은 새파랗게 젊은 친구들의 발언을 가볍게 여기지 않고 메모까지

하면서 진지하게 듣고 있는 것이다. 나는 그런 승객의 태도에 감동해서 내가 아는 한 무엇이든 열심히 설명하려고 했다.

예를 들어 도착지의 인기 레스토랑이나 티켓 구하기가 하늘의 별 따기인 유명 뮤지컬을 예약하는 방법 같은 정보는 승객도 듣고 매우 기뻐했다. 팔고 남은 티켓이나 취소표를 당일에 판매하는 잘 알려지지 않은 현지 티켓 판매소에 관한 정보는 실제로 도움이 되는 구체적인 정보이기 때문에 승객도 진지하게 귀를 기울였다. 승무원이 사용하는 시차 해소법도 자주 이야기하는 주제였다.

다른 승객이 똑같은 질문을 한다면 그때는 더 잘 설명하고 싶었기 때문에 한 번 받은 질문의 내용은 다시 자세히 조사해서 알아두려고 노력했다. 또 내 이야기가 상대방에게 정확하게 전달되고 있는지를 의식하면서 이야기하는 습관도 생겼다.

성공한 사람과 성공하지 못한 사람의 차이는 다른 사람을 감동시킬 수 있는가에 있다. 내가 만난 경영자는 대화를 하면서 메모하는 모습을 보이는 것만으로도 나를 감동시키고 더 잘하고 싶다, 더 나은 모습을 보이고 싶다고 생각하게 만들었다. 이런 면에서 보면 성공한 사람은 다른 사람으로 하여금 하고자 하는 의욕을 불러일으키는 전문가인지도 모른다.

그렇다고 해서 어렵게 생각할 필요는 없다. 나는 지금 외부 강연을 하기도 하고 내가 운영하는 회사의 비즈니스 매너 강사 양성 과정에서도 강의하고 있다. 그럴 때 수강생이 성실히 메모를 하면서 듣고 있는 모습을 보면 굉장히 기쁘고 감동을 받는다. 그것은 나의 이야기를 한눈팔지 않고 진지한 자세로 열심히 듣고 있다는 의미이기 때문이다. 동시에 나라는 존재 자체를 인정받는 느낌이 든다.

그런 기분이 들면 원래 계획했던 강의 내용에 덧붙여 청중에게 도움이 될 만한 다른 이야기까지 줄줄이 쏟아내게 된다. 이야기가 너무 길어져 원래 예정되었던 시간보다 늦어지는 경우도 자주 있을 정도다.

집 안 곳곳에 종이와 펜을 둔다

나도 퍼스트클래스 승객의 습관을 본받아 어디서든 메모를 할 수 있도록 집 안 곳곳에 메모지와 펜을 준비해두었다. 욕실, 거실, 화장실, 침실…… 장소를 가리지 않고 무언가 아이디어가 떠오를 때마다 기록을 한다. 단지 부엌과 화장대, 옷장, 서재 등 '용도가 정해져 있는' 곳에는 두지 않는다.

주로 메모하는 내용은 기업이나 단체에서 의뢰받은 강연회와 연수 프로그램의 계획, 승무원 취업 준비 학원의 강의에서 이야기할 주제와 아이디어 등이다. 이 책 각 장의 구성이나 본문에 수록된 에피소드 등도 집 안 곳곳에서 메모로 적어두었던 내용을 활용한 것이다.

집 밖에서도 마찬가지다. 지하철을 타고 이동 중일 때도, 카페에서 잠시 휴식을 취할 때도, 출장을 간 지방의 호텔에서도 머릿속에 떠오른 아이디어를 그때그때 메모한다. 메모하는 것은 아이디어만이 아니다. 나는 평소에 책 읽기를 즐기고 강연회에도 자주 간다. 직접 들으러 갈 기회를 놓친 강연은 내용을 녹음한 CD를 듣곤 한다.

책 속의 문장이나 강연회에서 들은 말, 또는 사업상 알게 된 지인의 말 등에 감동을 받을 때가 있다. 그렇게 마음에 와닿은 말을 만나면 '아, 이런 생각 좋은데? 녹음해두자', '이 내용은 우리 직원들에게도 들려주고 싶다' 이런 생각이 든다.

당장은 그때 받은 감동과 함께 내용이 선명하게 기억에 남아 있지만, 시간이 지나면 감동이라는 광채는 빛을 잃어가게 마련이다. 최초의 감동을 가능한 한 온전히 '각인'시키기 위해서도 메모가 필요하다. 메모를 남김으로써 그때 내가 무엇에 감동했는지를 나중에도 선명하게 떠올릴 수 있다. 또 시간이 흐른 뒤 나중에 메모를 다시 읽어보면 처음 들었을 때는 미처 몰랐던 말의 깊이를 새삼 깨닫게 되기도 한다.

메모 조각이 모여 한 권의 책이 되다

어느 날 퍼스트클래스 좌석에서 카드에 무언가를 열심히 쓰는 승객을 목격했다. 그 승객은 대학교수였는데, 논문 아이디어를 쓰는 중이라고 했다. 처음에는 생각나는 대로 무엇이든 마음껏 쓰고, 그다음에 그 카드들을 정리해 구성을 생각한다는 설명이었다. 또 그 메모를 따로 모아 책으로 펴낸다고도 했다. 메모로 아이디어를 정리하고 새로운 발상을 떠올리다니, 이 정도까지 발전하면 진정 메모의 달인이라 하겠다.

나는 해외 문구점에 가면 꼭 예쁜 메모장이나 수첩을 구입한다. 대개 단어장 용도로 많이 쓰이는 시판 카드를 구입한다. 웃옷 주머니에 쏙 들어가는 125mm×75mm 크기가 가장 적당하다. 물론 그보다 작은 명함 크기여도 상관없고, 마음껏 더 큰 크기를 골라도 좋다. 사용하는 사람이 편한 크기를 선택하면 된다.

퍼스트클래스에서 일하는 동안 나는 웃옷 가슴 주머니에 종이 카드를 몇 장 넣어두었다가 메모 용지 대신 사용하는 사람들을 자주 볼 수 있었다. 카드를 준비했으면 여기에 머릿속에 떠오르는 아이디어를 쭉쭉 적어나간다. 한 장에 아이디어 하나를 쓰는 것이 원칙이다. 여백을 비워두기가 아깝다는 생각을 할 수도 있지만, 카드 한 장에 이것저것 여러 가지를 써버리면 카드를 사용하는 의미가 없다. 이 원칙만은 꼭 지키기 바란다.

아이디어 카드가 어느 정도 모이면 트럼프를 나열하듯이 책상 위에 늘어놓고 정리를 시작한다. 시간순으로 나열하면 사고의 흐름을 알 수 있고, 중요도나 우선순위에 따라 나열하면 앞으로 해야 할 일의 순서가 보인다.

문제점을 적은 카드와 해결책을 적은 카드를 모으면 주어진 과제와 방책을 정리할 수 있다. 또한 하나의 주제를 여러 가지 관점에서 숙고할 때도 유용하다. 나는 컴퓨터에 익숙하지 않기 때문에 이렇게 카드에 떠오르는 아이디어나 기억하고 싶은 말을 열심히 적어두었다. 아날로그파인 나에게 딱 맞는 방식이라고 하겠다. 이 카드가 300장 정도 쌓이면 책 한 권을 쓸 수 있는 양의 정보가 모인다.

실제로 나는 이 방법을 사용해 나의 첫 책인《매혹의 판매술》을 썼다. 특히 각 장에서 다룰 주제를 결정할 때, 카드를 책상 위에 늘어놓고 순서를 바꿔가면서 가장 마음에 와 닿는 순서를 선택하는 방식을 사용했다.

어느 날 귀인을
만나게 된다면

연세 지긋한 어떤 퍼스트클래스 승객에게서 중국에는 '귀인'이라는 개념이 있다는 이야기를 들었다. 물론 그 이야기를 들으면서도 메모를 했고, 이 내용은 그때의 메모를 기초로 쓰고 있는 것이다. 중국에서는 "요새 귀인을 만나셨습니까?"라는 인사말이 있다고 한다. 여기에서 말하는 귀인이란 학식과 인덕이 있고 범상치 않은 기운이 느껴지는 훌륭한 사람을 뜻한다. 귀인은 나를 더 좋은 쪽으로 이끌어줄 수 있을 만한 사람이다.

이 인사말을 듣고 "예, 저는 귀인을 만났습니다"라고 대답한다면 그 사람은 일에도 적극적이고 삶에 대해 긍정적인 태도를 가지고 있을 것이다. 그러니 가까이 지내면 좋은 일이 생기리라고 예측할 수 있다.

책과 강연에서, 배우고 싶은 선배와 미팅에서, 다른 사람과 나눈 대화 등을 통해 마음을 울리는 감동적인 말을 들었다면 그것은 '귀인을 만난 순간'이라고 할 수 있다. 조금이라도 귀인에 가까운 사람이 되고 싶다면 그 첫걸음은 바로 메모를 하는 것이 아닐까?

나는 그렇게 생각하기 때문에 손닿는 곳에 종이와 펜이 없는 상황에 놓이면 눈앞의 기회를 놓치고 있다는 기분이 든다. 녹음기를 사용할 때도 있지만, 나의 경우는 말로 표현하는 것만으로는 부족함을 느끼기 때문에 직접 손을 움직이면서 쓰는 행위를 더 선호한다. 카페나 호텔 같은 장소에서는 아무래도 힘들지만, 내 사무실에서는 직원들의 양해를 얻어 실제로 소리 내어 읽고 쓰면서 메모를 하고 있다.

그 메모들이 나중에 구체적인 일로 이어진 경험도 여러 번 있다. 나에게 있어 메모는 앞으로 하게 될 일의 '골격'과 같은 존재다. 그 골격에 살을 붙이고 피부를 입히고 세세한 곳까지 다듬어내면 하나의 일이 완성되는 것이다.

우선순위에 따라 해야 할 일 목록을 만든다

탑승 후 옷을 갈아입고 짐 정리가 끝나자마자 기내에서 할 일을 정리하는 승객이 많이 있다. 사무실도 아닌데 웬 할 일 목록인가 싶을 수도 있겠다. 하지만 이들에게는 비행기 타는 일이 워낙 잦기 때문에 비행시간이 특별히 설레는 시간이 아니었다. 그래서 10시간이 넘는 지루한 시간 동안 생산적인 일을 하기 위해 리스트를 적는다고 했다.

할 일을 다 정리하면 우선순위를 매겨서 순서대로 나열한다. 우선순위 목록을 만들어 긴 여정 동안 시간을 알뜰히 활용하려는 것이다. 가령, 식사와 취침, 독서, 업무, 영화 시청 등의 일정을 나름 정리하는 일이다. 또 도착 후 스케줄을 기내에서 정리한다. 운항시간과 도착 스케줄에 맞춰 취침시간을 분배하기도 한다.

우선순위를 결정하려면 그 일에 어느 정도 시간이 걸릴지 일일이 예측해야 한다. 금방 해치울 수 있는 일은 우선순위에 관계없이 먼저 끝내버리는 편이 좋다. 그만큼 해야 할 일 목록에 열거된 항목이 줄어들어 마음이 가벼워지는 효과가 있다.

퍼스트클래스 승객에게 배운 이 '해야 할 일 목록' 만들기는 업무에 임할 때 활용하면 많은 도움이 된다. 예를 들면 아침에 출근해서 바로 일을 시작하는 것이 아니라 오늘 해야 할 일을 정리해 메모로 기록한다. 해야 할 일이 많다면 금방 할 수 있는 일부터 해치운다. 또 해야 할 일 목록을 작성하면서 항목마다 우선순위를 매기는 것도 좋은 방법이다. 오늘부터 당장 실행에 옮겨보자.

'해야 할 일 목록'을 업무에 사용한 예(괄호 안의 숫자는 우선순위)

- ○○ 씨에게 전화 (3)
- 어제 다 못 끝낸 기획서 완성 (1)
- 홈페이지 원고 확인 (2)
- 출장비 정산 (7)
- 정례회의 출석 준비 (6)
- △△ 씨에게 전화 (4)
- □□ 씨 메일에 답장 (5)

평판을 높이는 습관

사실 나는 기억력도 좋지 않고 메모를 하는 습관도 없었다. 내가 메모를 하는 습관을 들이려고 노력한 것은 승무원이라는 직업상 꼭 필요했기 때문이다.

승객의 부탁을 깜빡 잊어버리거나 잘못된 정보를 승객께 알려드리는 것과 같은 실수는 승무원에게 절대로 있어서는 안 되는 일이다. 나는 이런 실수를 줄이고 더 확실하게 일을 처리하기 위해 메모를 시작했다. 승객으로부터 구두로 요청을 받았을 때는 즉시 요점을 정리해서 메모하고, 그것을 승객에게 다시 보여드리면서 내용이 맞는지 다시 한번 확인을 받았다. 나는 이것을 '확인용 메모'라고 불렀다.

확인용 메모를 적기 시작한 후로 나는 승객들로부터 '똑부러진다', '빈틈이 없다'라는 칭찬을 많이 듣게 되었다. 덕분에 점점 의욕에 넘쳐 메모하기를 습관화할 수 있었다.

나는 승무원 시절 주로 쟁반 매트와 앨러케이션 차트 (Allocation Chart)를 이용해 메모했다. 승무원이 기내 서비스를 할 때 사용하는 쟁반에는 방수 재질의 얇은 매트가 깔려 있다. 그 위에 메모를 했던 것이다. 업무 중에 메모를 하는 데는 내 나름의 방식이 있었다.

예를 들어 통로를 지나가는데 승객이 커피를 좀 가져다달라고 부탁하면 좌석 번호와 요구 내용을 간단히 요약해 '26C 커피'라고 적는다. 암스테르담에서 비행기 환승을 하는 승객이 공항 지도를 요구한다면 '18A AMS 지도'라고 적고, 경제신문을 가져다달라는 요청을 받으면 '9A 경제지'라고 적는 식이다. 언뜻 보기에는 암호 같아 보이기도 한다. 이렇게 간단하게 적는 메모는 나 자신을 위한 것으로, 해결하고 나면 펜으로 하나씩 지워나간다.

앨러케이션 차트란 그 비행기를 담당하는 승무원의 이름이 나열된 서비스 담당 배치표를 뜻한다. 비상시에 꺼내야 하는 물품이나 비상용 설비 등의 정보가 적힌 서류로, 보통 A4 크기다. '기내 임무분담표' 또는 '승무분담표'라고 부르기도 한다.

앨러케이션 차트의 여백에는 합동브리핑(Cockpit Briefing, 비행기 출발 전 기장 주관 하에 객실승무원과 운항승무원이 함께 참석하는 회의-옮긴이) 때 기장이 설명한 비행 계획, 운항 상황, 고도와 속도, 그리고 긴급사태에 대비한 특이사항 등을 적어둔다.

따로 메모 용지를 준비하는 승무원도 있지만, 그렇게 하면 정보가 여기저기 흩어져버리기 때문에 승객에게 부탁 받은 내용도 어디에 적었는지 찾지 못하는 수가 있다. 또한 당일의 비행과 운항에 관한 정보는 모두 앨러케이션 차트에 정리했다.

즉 나의 메모는 용도에 따라 쟁반 매트와 앨러케이션 차트로 이원화되어 있었다. 승객의 요청은 쟁반 매트에, 비행과 운항, 객실 서비스에 관한 주의사항은 앨러케이션 차트에 적는 것으로 구별해서 사용했다. 이후 퍼스트클래스를 담당하게 되면서 메모는 더욱 중요해졌다. 퍼스트클래스에서 들은 주옥같은 말들을 기록할 때도 메모는 대활약했다.

일찍이 공자는 상대방 입장에 서서 생각할 줄 알아야 한다는 '인(仁)'의 사상을 설파한 바 있다. 타인이 기뻐하는 얼굴을 보는 것을 곧 자신의 기쁨으로 여길 수 있어야 한다는 뜻이다.

내가 얼마나 훌륭하고 잘난 사람인지를 소리 높여 이야기하는 것보다, 메모를 하면서 다른 사람의 이야기를 성의 있게 듣고 그 메모를 통해 그들에게 도움이 되는 일, 그들이 기뻐할 만한 일을 할 때 사람들은 더 감동받고 스스로 당신을 위해 움직이려 할 것이다.

돈만 있으면 손에 넣지 못할 것이 없는 시대다. 하지만 '평판'은 돈으로 살 수 없다. 다른 사람을 기쁘게 하고 감동시키고 그 결과 평판을 얻는 일이 메모하는 것만으로 가능하다

니, 메모하는 습관을 익히는 것만큼 미래를 위한 확실한 투
자는 또 없을 것이다.

아날로그적 습관이 기억력을 강화시킨다

또한 메모는 기억을 강화하는 가장 좋은 방법이다. 학창 시절
에 암기 과목을 공부할 때나 영어 단어를 외울 때도 손으로
쓰면서 외우곤 했다. 귀로 듣기만 하는 것보다 몸을 함께 쓰
면서 외울 때 기억에 더 오래 남는다는 것을 경험으로 자연스
럽게 알고 있었기 때문이다. 단어를 손으로 쓰면서 외울 때는
손과 눈을 사용해 마음속으로 단어를 읽고 머릿속에 집어넣
는 순서를 밟게 된다.

이와 같이 신체의 여러 부분을 동시에 사용할수록 기억력
은 강화되며, 기억에 남는 시간도 길어진다. 나는 과학자가 아
니기 때문에 과학적으로 분석한 결과는 아니지만, 주위 사람
들과 나 스스로의 경험을 통해 증명된 이론이다.

학습과 기억력을 연구하는 전문가의 이야기를 들은 적이
있는데, 인간이 학습한 내용은 '인상(Impression)'과 '반복 횟수

(Times)'를 곱한 수만큼 뇌에 정착한다고 한다. 첫 글자를 따서 'IT이론'이라고 부른다.

학창 시절뿐 아니라 사회인이 되고 나서도 메모를 함으로써 기억력을 향상시킬 수 있었다. 나는 미국 공인회계사 시험을 준비할 때도 읽고 쓰고 노래하고 춤추는 등 온몸을 사용해 암기를 했다. 단순 기억이 아니라 몸을 이용한 '연쇄기억'을 활용하려 한 것이다. 이렇게 온몸을 움직이기 힘든 사람은 손이나 발만이라도 움직이면 도움이 된다.

메모의 방법

메모를 한 적이 없는 사람은 무엇을 메모하면 좋을지 모르겠다는 반응을 보이기도 한다. 다른 사람의 말을 받아 적을 때 그 말을 그대로 모두 적을 필요는 없다. 어차피 모든 내용을 적기란 불가능하다. 사람의 말을 전부 기술하려면 속기가 아니면 불가능하다. 쓰는 속도가 말하는 속도보다 느리기 때문이다.

그러니 메모를 할 때는 들은 내용을 요점만 간추려 적는다.

고유명사와 핵심 주제, 숫자는 특히 신경 써서 빠뜨리지 않고 적도록 한다.

짧은 메모만 보고도 메모를 한 당시 그 장소에서 있었던 일이 마치 지금 눈앞에서 펼쳐지는 것처럼 실감나게 떠오를 수 있도록 적는다면 더할 나위 없다.

강연 의뢰를 받을 때면 정식 문서를 받기 전에 전화나 직접 만나 상담을 하게 되는 일이 자주 있는데, 그럴 때도 메모가 꼭 필요하다. 중요하지만 의외로 간과하기 쉬운 점 하나가 바로 숫자다. 숫자에 관한 내용은 모두 정확하게 기재해야 한다. 예를 들면 날짜, 시간, 금액, 자료집 원고의 납기일, 청중 수 등이다.

메모하는 데 익숙하지 않으면 귀찮고 어렵게 느껴질 수 있지만, 익숙해지고 나면 의식하지 않고 바로바로 메모를 할 수 있게 되어 점점 편하게 느껴질 것이다. 자연스럽게 메모를 하고 있는 자신의 모습을 발견한다면 당신은 이미 퍼스트클래스로 향하는 첫걸음을 내디딘 것이다.

다음은 내가 다이어리에 하는 메모 샘플이다.

메모를 할 때는 숫자에 주의하자

화장품 판매회사 ○○ 대상 강연회 협의 내용

주제	마음을 전달할 때 매출 상승이 뒤따른다.
	– 서비스의 마음가짐을 눈에 보이는 형태로(가제, 제목은 상담 후 변경 가능)
작년 강연의 단점	설문조사 결과 너무 형식적이라는 평가를 받음.
올해 목표	고객이 이해하기 쉽게, 말하는 사람도 즐겁게.
	내일 당장이라도 실천할 수 있는 내용.
날짜	2009년 9월 24일 13:00∼14:30(90분간)
	* 스케줄 조정 필요
장소	지바현 마쿠하리(幕張) △△호텔 대연회장 확정.
강연 대상	전국의 판매점 직원. 90퍼센트가 여성.
분위기	사람을 대하는 데 익숙함. 지역별로 좌석 배정.
	간사이 지역 사람들은 호응도 높음.
대리점	○○○ 주식회사
담당자	○○ 님(30대 여성, 인상이 좋음. '호응이 좋아야'라는 말을 자주 사용. 직원들이 배울 점이 있으면서도 즐거운 강연회가 되었으면 좋겠다고 함.)
상대편 예산	○○만 엔
자료집 마감일	○월 ○일까지

메모를 하는 요령을 예를 들어 설명해보겠다. 직장 상사가 이런 지시를 내렸다고 하자.

"다음 달 16일 수요일에 런던 출장을 가야겠어. ◇◇항공사의 △시 △분 나리타 출발 항공편 티켓을 비즈니스석으로 예약하게. 런던 지점에서 ○○ 안건에 대한 최종 회의가 18일 현지 시간 오전 9시부터 열릴 예정인데, 거기에 본사 대표로 참석하는 거야. 사장님이 직접 지명하셨으니 아무쪼록 실수하지 않도록 주의해서 다녀오도록."

이럴 경우에는 다음과 같이 메모를 하면 좋다.

10월 16일(수) 런던 출장

- ◇◇항공사 비즈니스석 △시 △분 나리타 출발.
- 목적: 런던 지점 18일 현지 시간 오전 9시
  ○○ 안건 최종 회의 개최, 본사 대표로 참석, 사장 지명.

상사는 다음 달이라고 말했지만, 메모를 할 때는 반드시 1월인지 2월인지 구체적인 숫자를 정확하게 적는다. 그리고 중요한 내용을 항목별로 적는다. 상사의 말 속에서 지명, 날짜, 용건, 목적을 선별해 정리하는 것이다.

이때 사장 지명이라는 말에 들떠서 다른 내용에 귀를 기울이지 않았다가는 이런 메모를 남기게 된다.

"비즈니스석으로 런던에. 런던에서 열리는 회의에 본사 대표로 참석하라는 사장님 지명을 받았다! 실수하지 않도록 조심하라고 부장님이 말씀하심."

이래서는 나중에 메모를 다시 봤을 때 출발이 16일인지 18일인지도 분명하지 않고, 다음 달인지 이번 달인지도 알 수 없다. 나중에 가서 메모를 보고는 출발하는 날이 도대체 언제인지 알 수가 없어 고민하는 상황에 놓일 위험이 있다.

결국은 부장님께 다시 질문을 하게 되거나 멋대로 이번 달이라고 생각해서 준비를 해놓고 창피를 당하는 결과를 초래하기 십상이다. 이번 달인 줄 알고 서둘러 준비를 해서 티켓을 받으러 갔다가 출장 담당 직원과 얼굴을 붉힐 일이라도 생기면 창피를 당하는 정도로 끝나는 것이 아니라, 무엇보다 중요한 신용을 잃고 만다.

이 직원이 비즈니스석을 타고 돌아오게 될지, 퍼스트클래스로 업그레이드를 받아 돌아오게 될지는 메모하는 방법에 달려 있다.

퍼스트클래스에서 만난 경영자들은 내 말의 일부분을 때때로 수첩에 적을 뿐, 그 외에는 듣는 내내 나의 얼굴을 지긋이 바라보고 내 말에 반응을 보였다. 성공한 사람들은 이야기를 듣는 데 집중하면서 중요하다고 생각되는 부분을 놓치지 않고 메모한다. 그리고 그 행위로 상대방을 감동시킨다. 즉, 언제 어디서든 빈틈이 없다.

한번 신용을 얻으면 점점 많은 일이 내게 맡겨진다. 많은 일을 맡아서 하게 되면 기회도 그만큼 더 많이 돌아온다. 반면 메모를 제대로 하지 못하는 사람은 의욕이 없다는 평가를 받고 그 결과 신뢰를 잃고 만다. 그러면 그 사람에게는 중요한 일을 맡기지 않게 된다. 부하 직원일 때도 신뢰를 받지 못한 사람이 무슨 수로 성공할 수 있겠는가? 메모는 곧 기회의 시작인 셈이다.

한 진주 회사 회장의
감사 카드

나는 승무원 시절의 경험을 통해 마음을 전달하는 것이 얼마나 중요한지 배웠다. 한 승객이 나의 서비스가 마음에 드셨는지 자신의 재킷을 가져오라고 했다. 재킷을 가져가자 가슴 주머니에서 작은 종이봉투를 꺼내 나에게 건네주셨다. 그 안에는 멋진 붓글씨로 '감사(感謝)'라고 쓴 카드와 가공되지 않은 진주가 들어 있었다. 일본의 유명한 진주 회사의 회장이었다.

회장님께 그 종이봉투에 대해 들은 이야기는 다음과 같다. 나이가 있다 보니 해외에 나가서 고마운 서비스를 받아도 영어가 서툴러 고맙다는 마음을 전달하기 쉽지 않았다고 한다. 그래서 붓으로 정성 들여 '감사'라고 쓴 카드를 건네면서 진주로 고마워하는 마음을 전달하고 있다는 것이었다.

나는 그 작은 카드에서 그분의 깊은 마음 씀씀이를 느끼고 감동을 받았다. 그리고 나도 주변 사람들에게 감사하는 마음을 형태로 드러내어 표현하기로 결심했다. 나는 감사를 전달하는 수단으로 승무원 시절부터 지금에 이르기까지 역시 카드를 주로 활용하고 있다.

"지난번 △△ 관련 건, 고마웠어요! 순발력 있게 대응해준 덕분에 잘 해결됐어요. 다음에 밥 한번 살게요."

"우리 유능한 인재 ○○ 씨, △△항공 합격자 수 ○○명 돌파했네요. 역시 대단해요!"

남들이 보기에는 호들갑을 떤다고 느낄 수도 있다. 그래도 이런 식으로 어떤 작은 일이라도 감사의 마음을 메모로 남겨 스태프에게 전달하고 있다.

이 '감사 카드'는 다른 사람과 마주하면 쑥스러워서 솔직하게 감정을 표현하지 못하는 수줍음 많은 사람에게 특히 추천하고 싶다. 글로 적어서 전달하면 말실수를 할 일도, 잘못 이해해서 오해가 생길 일도 없으니 더욱 안심이다. 그러니 언제 어디서든 작은 카드와 펜을 빼놓지 말고 가지고 다니자.

이런 작은 행동 하나로도 내가 고마워하고 있다는 마음은 충분히 전달된다. 또한 다른 사람에게서 칭찬할 점을 찾아내는 능력이 생기고, 커뮤니케이션에도 능숙해질 수 있다. 상대방에게 답장을 받으면 그만큼 나도 더 열심히 하고 싶다는 마음이 생긴다.

편지를 보내서 손해 볼 일은 없다. 이것만은 단언할 수 있다. 감사 편지는 부작용이 없는 최강의 도구였다. 필요한 비용은 종이와 펜 값 정도. 무엇을 망설일 것인가?

우리 회사의 직원과 등록 강사가 늘어난 것을 계기로 나는 전용 메모지를 만들었다. 전용 메모지라고 하면 거창하게 들리지만, 내 얼굴을 재미있게 그린 캐리커처 초상화가 종이 아래쪽에 인쇄되어 있을 뿐 특별한 것은 없다. 단지 내 메모를 받은 사람이 '미즈키 씨 재미있는 사람이네. 자기 얼굴을 미화하고 있잖아. 후후후' 이렇게 한 번 더 웃음을 짓게 되는 계기가 되었으면 하는 마음을 담았다.

메모를 하면 이와 같이 적은 비용으로 놀랄 만큼 큰 효용을 얻을 수 있다. 신용을 얻을 수 있고, 다른 사람에게 좋은 인상을 줄 수 있으며, 기억력도 좋아지고, 회사에서의 인간관계에도 도움이 된다. 돈으로는 살 수 없는 귀중한 인맥을 메모 하나로 얻을 수 있는 것이다.

감사의 편지는 그날 즉시 보낸다

나는 연수나 강연차 출장을 자주 다니는데, 그때마다 전국 각지에서 많은 사람들을 만나게 된다. 그럴 때 나는 만난 그날 안에 감사의 편지를 보내는 것을 원칙으로 삼고 있다.

비결은 우표를 붙인 감사 카드를 미리 가방에 챙겨두는 것이다. 그 카드에는 앞서 메모 용지에 기록했던 마음에 남는 인상적인 글귀를 적어둔다. 거기에 상대방에게 전하고 싶은 감사의 말을 덧붙이는 것이다.

그 지역을 떠나오면서 기차역이나 공항의 우체통에 카드를 넣으면 보통은 다음 날 상대방이 받아볼 수 있다. 내가 보낸 감사의 편지를 받은 사람은 내용보다도 그 속도에 감동해 오랫동안 기억하게 된다고 한다.

이 습관을 지속한 덕분에 어느 고객으로부터는 1년 후에 개최할 강연회를 의뢰받은 적도 있었다. 감사의 마음을 솔직하게, 그리고 확실하게 전달하고자 노력한 결과, 상대방으로부터 그만큼 보답을 받을 수 있었던 것이다.

마니아적 취미가 주는
치유 효과

퍼스트클래스 승객들은 각자 저마다의 취향을 갖고 있다. 입맛이 까다로운 미식가 승객은 기내식의 품질에 대해 코멘트를 해준다. 승객 중에는 요리사에 준하는 전문 요리 지식을 갖고 있는 사람도 많다. 굽는 방법과 사용한 기름을 묻는 승객은 물론 수비드(저온진공요리법으로 내열비닐팩에 재료를 진공포장한 후 저온에서 익히는 방법)라는 조리법도 일본에서 인기를 끌기 전 승객에게 처음 전해 들었을 정도였다.

이 항공사 초콜릿케이크의 카카오는 어디 것을 쓰는지 승무원도 미처 모르는 부분까지 물어보는 경우도 있다. 미리 와인리스트를 확인한 후 항공사를 선택하는 승객도 있었다. 와인은 온도나 공기에 민감하기 때문에 소믈리에 승무원 역시 각별히 신경을 쓰는 편이다. 그러나 비행기라는 한정된 공간에서 각기 취향이 다른 승객의 입맛을 100퍼센트 만족시키기는 쉽지 않다.

성공한 사람 중에는 마니아가 많다. 자신이 관심 갖고 있는 분야를 집중적으로 공부하고 수집한다. 또 자신의 관심사를 통해 관련 지식을 배우고 교류도 하고 있다.

비단잉어를 좋아하던 한 지인이 있었다. 자신이 키우는 잉어 사진을 모은 앨범을 들고 다닐 정도였다. 비단잉어는 부와 명예, 장수를 상징한다고 한다. 집 연못에 키우는 잉어가 노니는 모습만 봐도 마음이 편안해지고 세상 시름을 잊게 된다고 했다. 마음에 드는 잉어가 있다면 세계 어디든 날아가 비행기로 비단잉어를 공수해올 정도로 잉어에 대한 열정이 대단했다. 미술품 경매는 들어봤지만 잉어 경매도 있다니 흥미로웠다. 최근에는 연못을 더 키우고 이에 어울리는 조경을 구상하고 있다고 한다. 그 말을 듣다 보니 나도 집에 작은 수족관을 사서 열대어를 길러보면 어떨까 하는 생각이 들었다. 당시 몰입하고 흥미를 얻을 수 있는 뭔가가 필요했기 때문이다.

한 승객은 카메라 마니아였다. 기내에 소중히 들고 온 카메라를 보여주며 이 렌즈가 세계에서 10개밖에 없는 것이라며 뿌듯해했다. 프랑스의 사진작가 앙리 카르티에 브레송을 매우 좋아한다며 그의 작품집도 보여주었다. 사진에 관심이 많다고 하니 나이 든 그 승객에게서 지적인 멋이 느껴졌다. 그는 앤티크해 보이는 소형 라이카 카메라를 나에게 보여주었다. 그러고는 명품 브랜드에 맞춤 주문한 카메라케이스를 곧 받게 된다며 어린아이처럼 즐거워했다.

처음에 나는 왜 사람들이 잘 알아주지 않는 것에 시간을 들여 큰돈을 쓰는지 이해하지 못했다. 하지만 남다른 취미에 열정을 쏟고 그런 열정을 다른 사람과 나누는 모습을 보며 소년 같은 순수함을 느낄 수 있었다. 남자의 마음속에는 어린 시절 순수한 열정이 숨어 있지만 성인이 되면서 그런 열정을 잃게 된다. 하지만 순수한 열정을 간직하고 키우며 사는 사람들은 일상의 경쟁과 피곤에 묻혀 지내다가 마니아적 면모가 살아나는 순간 마음속의 소년도 함께 살아나는 것이다.

이런 열정과 순수함이 편안한 휴식과 재충전의 시간을 만들어준다. 자기 치유의 시간인 것이다.

식사 관리

퍼스트클래스를 이용하는 경영자들은 대부분 회사에서 중요한 자리에 있으면서 막중한 책임을 떠맡고 있는 경우가 많다. 따라서 자신의 건강관리도 업무의 연장선상에 놓고 철저하게 임하는 모습을 보인다. 그들이 항상 일에 몰두할 수 있는 것도 평소 건강관리를 잘 해두었기 때문일 것이다.

건강관리의 기본은 역시 식사다. 퍼스트클래스 승객은 기내에서도 식사에 매우 신경을 쓴다. 예를 들면 샐러드 하나를 먹을 때도 개인 드레싱을 지참하는 승객이 있는가 하면, 기름 종류를 넣지 않고 소금만 약간 뿌려서 먹는 승객도 있다. 특별한 병이 없음에도 본인이 무엇을 먹고 먹지 말아야 할지 정확한 데이터를 갖고 있는 것이다. 그래서 최고의 진미가 나오는 퍼스트클래스이지만 소박한 식사를 선택하는 승객들이 많다. 비행기를 타는 동안은 식사를 전혀 하지 않고 치즈와 와인이면 된다고 하거나 자기 전 브랜디를 즐기는 정도에 그치기도 한다.

항공사에서는 퍼스트클래스에서 제공하는 요리에 매우 신경을 쓴다. 그러나 아무리 호화로운 요리를 준비했다 하더라도 "이동하는 시간은 온전히 휴식만 하고 싶다"며 식사를 취소하는 승객이 있는 곳이 퍼스트클래스다.

"아침 시간은 생산적인 일에 쓰는 게 좋아"

서점에는 아침 시간 활용법에 대한 책이 우후죽순 쏟아져 나오고 잡지에서도 자주 특집으로 다루곤 한다. 책이나 잡지에서 다루는 아침 시간 활용법에서 공통되는 내용이 바로 '아침 시간은 머리를 써야 하는 일에, 오후 시간은 반복되는 일과에' 할애하라는 것이다.

아침에 일어나면 우선 컴퓨터부터 켜는 사람이 많다. 컴퓨터를 켜면 그다음으로는 자연스럽게 메일 확인을 한다. 일단 메일을 확인하면 답장을 쓰고 싶어진다. 한두 통이라면 금방 쓸 수 있지만 하루에 몇십 통, 몇백 통씩 메일을 받는 사람이라면 어떨까? 답장을 다 보내지도 못하고 녹초가 되어버리고 말 것이다. 달콤한 잠을 떨치고 아침 일찍 일어나 확보한 시간을 메일 답장 쓰는 데 소모하다니, 아깝기 짝이 없다.

실은 예전의 내가 그랬다. 마무리 짓지 못한 일이 눈앞에 있으면 손을 대지 않고는 견딜 수 없었기 때문에 아침 일찍 일어나서도 메일 답장 쓰는 일에 매달려 있곤 했다. 그러나 퍼스트클래스에 탑승한 유명한 소설가에게서 "아침 시간은 무언가를 생산하는 일에 사용하는 편이 좋아"라는 충고를 들었다.

퍼스트클래스에서 승객들의 이야기를 들어보면, 그중 대부분이 아침 일찍 일어나는 습관이 있고 그 시간을 심사숙고하는 일에 할애하고 있었다. 밤새 수면을 취하고 피로를 떨쳐낸 뇌를 100퍼센트 활용하는 방법으로 더할 나위 없다.

이제 아침 시간에는 메일 답장을 쓰기보다는 새로운 기획에 몰두하거나 신상품 아이디어를 생각하는 등 생산적인 일에 사용하도록 하루 일과를 조정해보자. 나는 아침 일찍, 4시 반 정도에 일어나는 것을 목표로 시간 계획을 세워두었다. 일어난 후 아침 시간에는 주로 이런 일을 한다. 우선은 목욕을 하고 스트레칭을 해서 개운하게 몸을 깨운다. 그다음에는 컴퓨터 전원을 켠다.

메일을 확인하고 편지함의 새로운 메일을 '긴급', '보통', '버림' 세 가지로 분류한다. 이 메일 분류법도 퍼스트클래스 승객의 서류 분류법을 보고 착안한 것이다. 한 승객이 사용하는 방법은 세 개의 종이봉투를 준비하고 서류를 '필요', '보류',

'버림' 세 가지로 분류하는 것이었다.

메일을 분류한 뒤에는 '긴급' 쪽으로 분류된 메일에만 답장을 하고 처리 완료 폴더로 이동시킨다. 그 외의 메일은 미완료 폴더로 옮긴다.

출근한 뒤에는 자료 작성, 학원의 교재 확인, 회의 등 두뇌가 필요한 일에 전념한다. 그리고 오후에는 강연과 학원 수업 등 가르치는 일에 집중하다가 밤에 집에 돌아온 뒤 나머지 메일에 답장을 한다.

퍼스트클래스에서는 일을 하지 않는다

최근에는 어떻게 하면 이동 시간에도 쉬지 않고 일할 수 있을지를 중시하는 사람이 많다. 고속철도 신칸센을 타더라도 노트북 컴퓨터를 사용할 수 있는 차량에 회사원들이 집중적으로 몰려 있다. 항상 휴대전화를 붙들고 있으면서 두세 시간에 불과한 이동 시간 중에도 어떻게든 손에서 일을 내려놓지 않으려고 애쓰는 모습을 쉽게 볼 수 있다. 한순간도 쉬지 않고 일에 매달리기 때문에 지금과 같은 놀라운 경제 성장을 이끌어낼 수 있었을 것이다.

그러나 퍼스트클래스는 전혀 다른 모습을 보인다. 퍼스트클래스를 이용하는 승객은 대부분 평소에는 항상 시간에 쫓기며 분초를 다투어 일하는 사람들이다. 그러나 퍼스트클래스에 탑승해서까지 일에 매달리는 승객은 한 번도 본 적이 없다.

비행기 안에는 휴대전화의 전파가 통하지 않는다. 비행기에 타고 있는 시간만큼은 거추장스러운 전화기로부터 완전한 해방인 셈이다. 이렇게까지 공공연히 그 어떤 방해도 존재하지 않는 개인적인 시간을 누릴 수 있는 공간은 다른 어디에도 없다.

이런 관점에서 보면 비행기 퍼스트클래스의 이점은 신칸센과는 정반대다. 신칸센은 언제 어디서든 평상시와 동일한 상태를 유지할 수 있도록 해준다. 선로를 따라 움직일 뿐 그 공간은 일상의 연장선상에 놓여 있다. 반대로 퍼스트클래스는 가능한 한 여유롭게 혼자만의 시간을 만끽할 수 있는 공간이다. 완전한 '비일상'을 제공하고 있다고도 할 수 있다. 그래서 퍼스트클래스의 승객들은 목적지에 도착한 뒤 곧바로 완벽한 컨디션을 발휘할 수 있도록 태세를 정비하는 데 초점을 맞춘다.

이처럼 환경에 따라 시간을 보내는 방식을 달리하는 것이 일하는 사람의 현명한 태도일 것이다.

제2장

퍼스트클래스의
대화법

왜 1등석 승객들과 나누는 대화는 항상 재미있을까 ?

퍼스트클래스는 승객이 자신의 스케줄을 우선하여 여유롭게 피로를 풀 수 있는 공간이다. 따라서 승무원 쪽에서 섣불리 말을 걸기는 힘들다. 승객의 스케줄을 방해하는 행동이 될 수 있기 때문이다.

그러나 작은 계기로 인해 승객과 이야기를 나누기 시작하면 나도 모르는 사이에 시간이 흐른다. 정신을 차리고 나서 '벌써 30분이나 지났어?' 하고 깜짝 놀란 경험이 여러 번 있었다. 그만큼 대화에 능숙한 사람과 보내는 시간은 순식간에 지나간다.

기업 경영자와 대화를 한다고 하면 어려운 단어가 줄줄이

등장해서 머리가 아파오는 상황을 떠올릴지도 모른다. 그러나 실제로 대화를 해보면 상상과는 달리 알기 쉬운 단어와 표현을 사용해 대화를 이어가기 때문에 이해하기 쉬웠다. 성공했다는 승객들은 세련된 매너를 갖추었으면서 소탈한 면도 함께 지니고 있었다.

그들은 호기심이 생기면 상대가 누구든 만나서 이야기를 나누었다. 젊은 학자는 삼촌처럼, 연세 지긋한 분들은 할아버지처럼 얘기해서 어려움이 느껴지지 않았다. 과연 이분들이 신문이나 방송에 나오는 사람들이 맞나 싶을 정도였다.

성공한 사람들 중에는 자신의 단점을 부끄러워하지 않고 오히려 초면인 상대에게 단점을 농담거리로 삼아 분위기를 편하게 만드는 사람도 있다. 가령 "이것 좀 올려주겠나? 내가 키가 작아서 닿질 않는군, 허허허"라든지 "머리숱이 많지 않아 머리가 춥네요, 기내 온도 좀 조절해주시겠습니까?" 하며 도움을 요청할 때가 많다.

처음엔 굳이 자기 콤플렉스를 드러낼 필요가 있을까 하는 생각이 들었다. 콤플렉스는 자기가 선택한 것도 아니며 뜻대로 극복할 수 있는 것도 아니다. 누가 건드리기만 해도 아픈 것이 당연하다. 그러나 자신의 단점을 농담 삼아 이야기하려면 대단한 자신감 없이는 불가능한 일이다. 오히려 숨기고 싶은 단점을 노출시킴으로써 딱딱한 분위기를 부드럽게 만들고 주위 사람들을 주변으로 끌어들이는 것이다.

성공한 사람의 또다른 특징으로 시골 사람의 성향을 지니고 있다는 점을 꼽을 수 있다. 도시 사람들은 눈을 마주치면 시선을 피하고 낯선 사람이 다가오면 경계하곤 한다. 그러나 성공한 사람들은 경계를 풀지 않고 대화에 거리를 두는 도시 남자 스타일이 아닌, 지나가는 사람에게도 스스럼 없이 말을 건네는 시골 아저씨 같은 붙임성 있는 모습이었다.

성공은 직업을 불문하고 다른 사람들의 도움을 받아 이루어지는 경우가 많다. 따라서 타인과의 원활한 관계는 사업에 큰 도움이 됐을 것이다.

성공을 이룬 기저에는
소통의 성공이 있었다

대화란 내가 말하고자 하는 내용을 상대방에게 이해시키고 더 나아가 행동까지 영향을 미치지 않으면 의미가 없다. 여기서 말하는 '행동'의 예로는 다양한 경우를 상정할 수 있지만, 가장 대표적인 것은 역시 대답을 듣는 일이다. 제대로 된 대답이 돌아오지 않았다면 듣는 사람이 대화의 내용을 이해하지 못했다는 의미다.

커뮤니케이션의 기본은 말하기와 듣기다. 대화는 이 두 가지 요소로 구성된다. 내가 말한 정보를 상대방이 이해하지 못했다면 아무 소용이 없다. 상대방이 '이 사람이 하는 얘기는 이런 의미로구나' 하고 이해했을 때 비로소 나의 말이 상대방에게 받아들여졌다고 할 수 있는 것이다. 나는 내 할 말을 다 했으니 상대방도 당연히 이해했을 거라고 넘겨짚어서는 진정한 커뮤니케이션의 달성은 요원한 일일 것이다.

목소리의 중요성에 대해 인식하고 있는 사람은 의외로 많지 않다. 목소리란 타고나는 것이라 바꿀 방법이 없다고 생각하기 때문일까? 하지만 포기하기엔 아직 이르다. 얼마 전, 텔레비전을 보는데 자막이 너무 많이 나와서 불편함을 느꼈다. 강조하고 싶은 말에 자막을 덧붙이는 것은 효과적인 방법이기는 하지만, 자막이 범람하는 이유는 그 때문만은 아닌 듯하다. 방송에 등장하는 사람들의 발음이 안 좋은 것이 원인 중 하나가 아닐까? 시청자가 알아듣기 힘들기 때문에 자막을 붙여 보완하는 것처럼 느껴졌다.

텔레비전에서 방송하는 예능 프로그램이라면 자막을 붙이면 그만이니 문제가 되지 않지만, 한 회사의 대표가 발음이 좋지 않아 무슨 말을 하는지 알아듣기 힘들다면 그것은 큰 문제다. 기업 이념과 목표를 사원들에게 제대로 전달할 수 없기 때문이다. 즉, 마음을 공유하는 것이 불가능하다는 뜻이다.

퍼스트클래스의 승객들은 매우 듣기 편한 목소리를 지니고 있다는 특징이 있다. 기내에는 엔진 소리가 끊임없이 들려오고 있기 때문에 승객의 말을 알아듣기 힘들어 "죄송하지만 다시 한번 말씀해주시겠습니까?"라는 말을 자주 하게 된다.

그러나 퍼스트클래스에서는 그런 일이 없었다. 승객의 발음이 좋고 목소리가 귀에 쏙쏙 들어와서 한 번에 알아듣기가 쉬웠다. 목소리가 높거나 낮거나, 맑거나 탁하거나 차이는 있었지만 대부분 명료한 목소리로 분명하게 자기 의사를 전달했다. 이는 경영자들이 자신의 목소리를 확실하게 전달하는 것이 얼마나 중요한지를 평소에도 의식하고 있기 때문이다.

서비스에 불만을 제기할 때도 "어떻게 해줄 거예요!" 하고 새된 목소리로 소리를 지르기보다는, 낮은 목소리로 단순명료하게 전달하는 편이었다. 이런 방법이 상대방에게 자기 의사를 전달하는 데 더 효과적이다.

"이런 일이 생겼는데 잘못된 것 아닌가요? 원래는 이렇게 되어야 할 것 같은데."

퍼스트클래스에서는 이런 식으로 차분하게 이야기하는 승객이 많았다. 상대방 기분을 상하게 하지 않으면서 자신의 의견을 전달하는 의사소통 기술에 대단히 능하다. 그들이 성공을 이룬 기저에는 소통의 성공이 있었다.

성공을 부르는
목소리 훈련법

앞서 말한 것처럼 대부분 퍼스트클래스 승객들의 목소리는
대단히 좋았다. 남성의 경우 중저음으로 무겁게 깔리는 음성
이었고 여성 승객 역시 나긋하면서도 또렷하게 의사를 전하
는 목소리였다.

좋은 목소리를 타고나면 좋겠지만 그런 경우는 흔하지 않
다. 나는 경영자들이 발성 훈련을 받는다는 사실을 후에 알
게 되었다. 그래서 그런지 비슷한 일을 하는 경영자들은 대부
분 비슷한 발성을 보였다.

나 역시 승무원 교육 때와 회사를 경영하면서 몇 차례 사
설 교육기관에서 발성 훈련을 받았다. 안정감 있는 목소리는

타고난 부분도 있지만 훈련으로도 얼마든지 만들 수 있다는 걸 배우면서 깨달았다. 실제로 내가 말하는 방법이 달라졌기 때문이다.

내 입에서 말이 떠나는 것으로 대화는 끝이 아니다. 상대방이 알아들을 수 있도록 말하는 것이 중요하다. 그러기 위해서는 정확히 발음하는 것이 첫 번째이며, 어떤 부분에서 힘주어 말할지 또 끊어 말할지 포인트들을 머릿속으로 생각해 말하는 것이 중요하다.

그리고 무엇보다 중요한 것은 음성이다. 좋은 인상을 주는 목소리를 내려면 우선 바른 자세를 취해야 한다. 발성 수업에서 가장 먼저 배우는 과정 또한 바른 자세 취하기와 호흡이다. 지루한 과정이지만 이게 기본이 되지 않으면 아무리 말을 잘한다고 해도 원하는 효과를 얻을 수 없다.

폐를 늑골에 둘러싸인 풍선이라고 생각해보자. 폐는 스스로 움직이는 힘이 없다. 늑골이나 늑골에 붙은 흉근이 풍선을 부풀렸다가 줄였다가 하면서 호흡을 한다. 풍선이 크면 많은 공기를 담을 수 있으므로 크고 힘 있고 생기 있는 목소리를 낼 수 있다.

크고 또렷한 목소리를 내려면 복식호흡을 해야 한다. 복식호흡을 하려면 복근을 사용해 폐 아래쪽에 위치한 횡격막을 아래로 내려야 하는데, 그러면 복압이 생기기 때문에 힘은 들지만 그만큼 풍선이 더 커진다.

그러나 좋은 자세를 취하면 복압이 생기기 때문에(횡격막이 내려간다) 풍선이 커진다. 복근을 사용해 폐 아래쪽에 위치한 횡격막을 내림으로써 복식호흡을 할 수 있고, 좋은 자세를 취함으로써 크고 또렷한 목소리를 낼 수 있게 된다.

사실 아래를 쳐다보거나 움츠리는 자세가 호흡하기에는 더 편하다. 반대로 몸을 움츠린 자세에서는 호흡은 편할지 몰라도 호흡이 얕아지고 복식호흡이 불가능하다. 그래서 목소리가 작아지거나 기운 없는 목소리가 되어버린다. 그럼 복식호흡법을 설명하겠다.

1. 등 근육을 쭉 펴고 배꼽 아래(단전)에 힘을 준다.
2. 양쪽 견갑골(날개뼈)을 서로 붙인다는 느낌으로 가까이 당기고 어깨의 힘을 빼고 아래로 내린다.
3. 얼굴을 앞으로 향하고 시선은 전방을 똑바로 바라본다.
4. 코로 숨을 들이쉬면서 배를 부풀린다.
5. 입으로 후우 소리를 내면서 숨을 내쉰다.

남녀를 불문하고 이 트레이닝을 꾸준히 하면 폐활량이 늘어나 크고 또렷하며 생기가 넘치는 목소리를 가질 수 있다.

그리고 목소리에 변화를 주는 것도 매우 중요하다. 변화 없이 계속 똑같은 어조로 이야기를 이어가면 아무리 재미있는 내용이라도 지루하게 느껴진다. 듣는 사람을 내 이야기에 몰입하게 하려면 크고 강하게 이야기할 곳과 작고 낮은 목소리로 이야기할 곳을 구별해 강약을 주는 것이 가장 중요하다.

목소리 크기를 달리하는 동시에 말하는 속도도 조금 빨리 또는 느리게 조절해서 단조롭지 않도록 변화를 주면 더욱 효과적이다. 이야기를 시작할 때는 밝고 강한 어조를 사용해 상대방의 관심을 끌고, 중요한 부분이나 상대방을 설득해야 할 때는 낮은 목소리로 이야기하면 좋다.

예고와 확인의 중요성

기내에서 서비스를 할 때는 항상 최선을 다하지만, 때로 부족한 점이 발생하기도 한다. 식사를 내가고 다 먹은 접시를 치우는 타이밍을 실수했다거나, 화이트 와인이나 샴페인의 온도를 제대로 맞추지 못했다든가 하는 경우다. 비행기에 탑재한 와인은 주위에 드라이아이스를 채워 넣어서 온도를 조절하는 데, 너무 많이 넣어서 와인이 얼어버리는 경우도 있었다. 얼어버린 와인과 샴페인, 맥주는 품질이 떨어지므로 버리는 수밖에 없다.

승객이 승무원의 서비스에 불만을 느꼈을 때 그것을 항공사에 전달하는 데는 세 가지 방법이 있다.

첫째는 고객카드에 적어 승무원이나 지상 직원에게 건네는 방법, 둘째는 항공사 고객 상담 창구에 직접 이야기하거나 전화, 홈페이지 게시판을 통해 전달하는 방법, 셋째는 불만사항을 편지로 적어 항공사에 보내는 방법이다.

퍼스트클래스 승객 중에도 갑자기 "무슨 서비스를 이렇게 하지?" 하고 그 자리에서 승무원을 향해 분노를 터뜨리는 승객이 있다. 반면 대부분의 승객은 "할 말이 좀 있는데" 하고 예고를 하면서 이야기를 시작한다. 그러면 승무원도 '아, 무슨 일이 있구나' 하면서 듣기 전에 마음의 준비를 한다. 그리고 하고 싶은 이야기를 전달한 뒤에는 승무원이 정확하게 내용을 이해했는지를 다시 한번 확인한다.

여러 번 이런 경험을 하고 나서 나는 '예고한 뒤 말한다'는 방법의 효과에 감탄했다. 핵심 내용을 말하기 전에 약간 여유가 주어지기 때문에 승무원도 차분하게 대응할 수 있다. 또한 불만을 제기하는 승객도 예고를 하면서 마음이 가라앉아 감정에 치우친 표현을 사용하지 않게 된다. 덕분에 경위 설명부터 개선 방법을 제시하기까지 '승객과 같은 방향을 보고 있다'는 의식이 생긴다. 승객의 입장에 서서 생각하게 되는 것이다.

승객이 불만을 제기하는 것은 이미 일어난 일에 대해 왈가왈부하기 위해서가 아니라, 승무원이 똑같은 실수를 반복하지 않기를 바라기 때문이다. 과거의 경험을 재산으로 삼아 미래를 개선하고자 하는 것이다.

상대방의 행동을 변화시키는 불만 제기법

서비스에 만족하지 못했던 한 퍼스트클래스 승객은 이렇게 얘기했다.

"잠깐 얘기 좀 할 수 있을까요? 오늘 서비스에 대해서 하고 싶은 말이 있는데, 고객카드에 쓸까 하다가 직접 얘기하는 편이 나을 것 같소. 시간이 없으면 종이에 적어둘 테니 시간 날 때 읽어보도록 하세요."

여기까지가 '예고'에 해당한다. 승무원은 서비스업의 프로인 만큼 승객이 이렇게까지 이야기하는데 무시하는 사람은 없 다. 승객이 불만을 품은 점은 와인에 대한 것이었다.

"오늘 제공된 와인은 온도가 적절하지 않더군요. 다음 식사 때도 와인을 마시고 싶은데, 다른 걸 마시는 편이 나을까요?"

마지막 문장이 '확인' 단계에 해당한다.

조금만 만족스럽지 못하면 승무원을 불러 그 자리에서 호 통을 치는 승객도 일부 있지만, 대부분의 승객들은 서비스에 불만을 제기하는 것을 상당히 껄끄럽게 생각한다. 그럴 때도 퍼스트클래스의 고객은 갑자기 불만을 터뜨리기보다는 지극 히 신사적인 방식을 취한다. '예고와 확인'을 의식하면서 불만 족을 느낀 내용을 전달하면 받아들이는 쪽의 태도도 상당히 달라진다.

"이렇게 맛없는 와인을 승객에게 내다니 제정신이오!"

"이러쿵저러쿵 시끄럽게 굴지 말고, 빨리 다른 와인이나 가 져오라고."

이렇게 느닷없이 벌컥 화를 내거나 일방적으로 명령을 내리 면 승무원도 기분이 나빠질 수밖에 없다.

"지금 바쁘면 나중에라도 괜찮으니 다른 와인을 가져다주세요."

반면 이렇게 부드럽게 부탁을 받으면 승무원도 마음가짐이 달라진다. '내가 이 승객의 와인을 책임지고 서비스하자'라는 마음이 싹트는 것이다. 주인의식이 생긴다고도 할 수 있다. 일이라서가 아니라 진심으로 '이 승객을 위해 빨리 맛있는 와인을 가져와야겠다' 하는 생각이 들게 되는 것이다.

예고와 확인 절차를 거쳐 감정을 가라앉힌 불만 제기 방식은 '기분 나쁘지만 일이니까 어쩔 수 없지'라는 의무감을 '정말 잘하는 모습을 보이고 싶다'는 책임감으로 바꾼다. 일류라는 단어는 이런 방식으로 말할 수 있는 사람에게 어울리는 것이다.

능숙한 소통의 비밀은 '따라하기'

"○○ 님, 언제나 우리 항공기를 이용해주셔서 감사합니다. 오늘 서비스를 담당할 미즈키라고 합니다. 필요하시면 언제든지 불러주십시오."

"아, 오늘의 담당자 미즈키 씨라고요? 잘 부탁해요."

특별한 것이라곤 전혀 없는 평범한 대화처럼 보이지만, 이 대화에서 승객이 사용한 '따라하기' 대화법은 매우 효과적인 화술이다. 상대방이 말한 내용의 일부를 반복하는 행위를 '백트래킹(Backtracking)'이라고 부른다. 상대방의 말을 그대로 따라하는 것뿐인데도 신기하게도 대화가 계속 이어진다.

대화는 상대방을 받아들이는 것에서 시작한다. 상대방이

한 말을 반복하는 것만으로도 상대방을 받아들였다는 마음을 전달할 수 있다. 간단한 방법이니 말주변이 없고 대화에 자신이 없는 사람도 일단 시도해보기 바란다.

텔레비전에서 토크쇼나 예능 프로그램을 보면 유능한 사회자는 게스트의 말을 반복하면서 대화를 이어가는 것을 쉽게 볼 수 있다. 게스트가 "저 다이어트했어요!" 하고 이야기하면 사회자는 "아, 다이어트를 했군요. 확실히 살이 쪽 빠진 걸 알겠어요. 어떤 방법으로 했나요?" 하고 대답하며 다음 질문을 던진다. 이야기를 할 때면 누구나 자신의 이야기가 상대방에게 제대로 전달되고 있는지 불안한 기분이 든다. 따라하기 대화법은 누구나 품는 이런 불안을 확실하게 잠재워주는 방법이기도 하다. 퍼스트클래스의 승객은 이 방법을 대화 속에서 자연스럽게 사용한다.

"도착지 지도 좀 가져다주겠소?"

"네. 알겠습니다. 간략한 지도는 이쪽에 준비되어 있습니다. 그리고 비행기가 도착하면 문 옆에 지상 직원이 대기하고 있는데, 지상 직원은 기내에 비치된 지도보다 조금 더 자세한 지도를 가지고 있습니다. 그쪽을 원하시면 내릴 때 받아보실 수 있도록 준비하겠습니다."

"지상 직원이 있단 말이지. 그럼 그 직원에게 물어보도록 하지요."

이와 같이 중요한 내용을 다시 한번 반복하는 것이다.

대화를 나누면서 상대방에게 내 이야기가 잘 전달되고 있는지 확인하고 싶을 때가 있다. 대표적인 예로 전화번호를 불러줄 때가 있다. 내가 요구하기 전에 상대방이 먼저 다시 한번 읽어서 확인해주면 매우 안심이 된다. 이런 사소한 배려에서 말이 통하는 사람인지 말을 못 알아듣는 사람인지가 갈리는 것이 아닐까?

상대방이 내 이야기를 제대로 이해했는지를 확인하지 않고 일을 진행하다가 결국 서로 생각이 달랐다는 사실을 알게 되면 궤도 수정을 하기가 훨씬 힘이 든다. 두 번 수고를 해야 하니 시간과 노력의 낭비이기도 하다. 서로 바쁜 입장에 있는 만큼 확인을 확실히 하고 넘어가 효율적으로 업무를 진행하자. 그것이 '일 잘하는 사람'이라는 평가를 듣는 비법이다.

대화가 끊기는 질문,
관계가 깊어지는 질문

"아, 그랬군요. 그래서 어떻게 됐나요?"

퍼스트클래스에 타는 승객은 호기심이 왕성하다. 특히 기업 경영자들에게서 그런 느낌을 받았다. 그런 분들과 대화를 하면 생각보다 길어질 때가 많다.

대화에 생기를 불어넣기 위해서는 적절한 질문이 필요하다. 질문에는 좋은 질문과 나쁜 질문이 있다는 것에 주의하자. 나쁜 질문은 상대방이 고개를 끄덕이면 그만이거나 대답이 '예', '아니요'로 끝나는 질문을 말한다. 이래서는 대화가 금방 끝나버린다.

반면 좋은 질문이란 거기에서 이야기가 발전해나가는 질문을 말한다. 영어로 표현하면 '닫힌 질문'과 '열린 질문'에 해당한다. 예를 들어 "기내에서 계속 걸어다니려면 피곤하지 않나요?"와 같은 닫힌 질문에는 아무리 성의 있게 대답해도 "아니요. 익숙해져서 괜찮습니다" 정도에서 대화가 끊어진다.

그러나 "기내에서 계속 걸어다니던데 걷는 양이 어느 정도 되나요?"와 같은 열린 질문에 대해서는 "비행 한 번을 할 때마다 1만 4,000~1만 5,000걸음 정도 걷습니다. 뉴욕에서 돌아가는 귀국편은 맞바람의 영향으로 비행시간이 더 길기 때문에 3만 걸음까지 걷는 경우도 있습니다. 승객이 모두 깨어 있기 때문에 요구사항도 많아요. 일을 하면서 저절로 다이어트가 된답니다" 하고 길게 이야기를 이어갈 수 있다.

"시차 적응하는 데 특별한 노하우가 있나요?" 같은 질문도 열린 질문에 속한다. 승무원의 전문 분야이기도 하니 "도착하면 체육관에 가서 일단 한바탕 수영을 합니다. 절대로 자지 않는 게 요령이랄까요. 그때는 쇼핑이 제일이랍니다. 여자들은 쇼핑을 하러 나가면 전투 본능이 샘솟아서 그런지 잠이 안 오거든요. 자기 전에 멜라토닌을 먹는 것도 도움이 됩니다"와 같이 자세하게 이야기할 수 있다.

멜라토닌은 수면을 촉진하여 시차 적응에 효과적인 물질이다. 영양제로도 판매된다.

"멜라토닌? 그게 뭐죠? 저렴하게 사려면 어떻게 하나요?"

이렇게 거기서 다시 질문을 이어갈 수도 있다.

퍼스트클래스를 이용하는 승객에게 가격은 별 문제가 아니겠지만, 승객이 흥미롭게 이야기를 들어주고 있으므로 이쪽도 덩달아 신이 나서 이런저런 이야기를 쏟아놓게 된다.

"승무원들은 역시 프로의식이 대단하네요. 그 중노동을 하고 나서 수영까지 하다니. 존경스러울 정도예요."

듣기 좋으라고 하는 말일 수도 있지만, 이렇게 내가 한 이야기를 반복하면서 승무원에 대한 칭찬까지 덧붙이는 데는 절로 감탄이 나왔다.

이렇게 퍼스트클래스의 승객은 상대방이 하는 말에 관심을 갖고 질문을 던지고, 동시에 '따라하기' 대화법을 사용하면서 대화를 발전시켜나간다. 이와 같은 질문과 대화법은 배울 점이 많다.

대화를 이어주는
'톱니바퀴' 기술

대화를 활기차게 하는 질문 방법에도 기술이 필요하다. 대화 내용을 깊이 파고들어 더 확장시킬 수 있는 질문을 하는 것이 핵심이다. 퍼스트클래스의 승객은 정말 흥미진진하게 다른 사람의 이야기를 듣는다.

"그래서 어떻게 됐지요?"

"그럼 어떻게 하는 게 좋을까요?"

이렇게 톱니바퀴처럼 끊임없이 질문을 던지기 때문에 이야기를 하는 사람도 기분이 좋아져 묻지 않은 것까지 먼저 이야기하게 된다. 또한 질문 내용이 아주 절묘해서, 이야기를 저절로 이끌어내주는 코치 역할을 한다는 느낌이다. 언젠가는 승객으로부터 이런 질문을 받았다.

"승무원들은 우리와는 달리 비행기로 출장을 다니는 것 자체가 일이지 않나. 나는 언제나 신경 써서 준비를 하는데도 나중에 보면 꼭 빠진 물건이 나오더라고. 아니면 짐이 너무 많아져서 곤란하거나 말이야. 출장의 달인들은 짐을 싸는 특별한 비결이라도 있나?"

비결이라고 할 만한 것이 따로 없어서 무슨 이야기를 해야 할까 망설여졌지만, '출장의 달인'이라는 말에 기분이 좋아진 나는 열심히 내 나름의 출장 준비 방법을 이야기했다. 아래에 그때 나눈 대화 내용을 인용한다.

"짐을 싸야 하는 일이 워낙 자주 있으니까요. 항상 챙겨야 하는 것은 여행 가방에 그냥 계속 넣어두고 있습니다. 그리고 무거운 것은 아래쪽에 두고 가벼운 것은 위쪽에 오도록 배치를 합니다."

"(고개를 크게 끄덕이며) 아하."

"가방을 네 부분으로 나누고, 보자기나 지퍼락 봉투를 사용해 안에서 짐이 섞이지 않도록 구분합니다."

"지퍼락이라면 부엌에서 쓰는 그거?"

"예. 바로 그거예요. 때로는 압축팩을 사용하기도 합니다."

"뭐? 압축팩이라면 이불을 넣는 그거? 작게 만드는 거 말이지?"

"예. 이불용은 큰 사이즈지만 작은 사이즈도 있거든요. 홈쇼핑에서 싸게 팔 때 여분을 넉넉하게 사두는 편입니다."

"아, 그렇군. 자네들은 회사 생활이 출장의 연속이니까 여분이 필요하겠지. 아까 보자기로 구분을 한다고 했는데, 왜 보자기를 쓰지? 집에 많이 있으니까?"

"보자기는 의외로 유용하답니다. 특히 표면에 잔주름이 잡힌 소재가 좋습니다. 흡수성이 뛰어난 데다 올록볼록한 표면이 의류나 액세서리를 보호하는 쿠션 역할을 해줍니다."

"아, 그렇군. 쿠션 역할을 하는구나."

"예, 그렇습니다."

"보자기도 쓸 만하네."

"예. 그리고 일이 끝나고 호텔에 도착하면 굉장히 피곤하기 때문에 짐을 꺼내 정리하는 것도 힘에 부치거든요. 그럴 때 스웨터 같은 옷은 보자기에 싼 채로 매듭만 풀어 서랍장에 그대로 집어넣습니다. 바로 넣으면 나뭇결에 올이 나가는 경우도 있는데 보자기째 넣으면 그런 일이 없어서 좋습니다."

"명절 선물을 보자기로 포장한 것들이 많아서 말이야, 집에 남는 보자기가 많은데 사용할 일이 없더라고. 그런 걸 쓰면 좋겠네."

"네, 그렇습니다."

"호텔 방은 건조하던데 그럴 땐 어떻게 하지? 좋은 방법이 없을까?"

"욕조에 더운물을 받거나 수건을 적셔서 걸어둡니다. 저는 특히 편도선이 잘 붓는 체질이어서요. 휴대용 가습기를 가방에 항상 넣어서 가지고 다닙니다."

"휴대용 가습기도 괜찮은 방법인데? 전에 현지 호텔에서 가습기를 빌리려 한 적이 있는데 여의치 않더군."

"습도 조절 외에도 편백나무나 라벤더 오일을 넣어서 사용하면 향기가 퍼져 마음이 편해진답니다."

"오호라. 그렇군. 여행 가방은 주로 어디 제품을 많이 사용하지? 추천할 만한 브랜드가 있나?"

"15층 빌딩에서 떨어뜨려도 부서지지 않는다는 제품이 있습니다. 미국은 지난번 테러 사건 이후로 보안이 엄격해져서 기본적으로 모든 수하물을 열어보기 때문에……(끝없이 이어짐)."

"승무원들은 역시 이쪽 방면의 전문가네. 물어보길 잘했어."

이렇게 길게 대화가 이어질 수 있었던 데는 세 가지 요인이 있다.

첫째, "나는 언제나 신경 써서 준비를 하는데도 나중에 보면 꼭 빠진 물건이 나오더라"며 자신의 실패담에서 이야기를 시작했다. 서두를 이렇게 열었기 때문에 나도 편하게 속마음을 털어놓으며 이야기할 수 있었다.

둘째, 공감의 반응을 보이는 것이 중요하다. 여기서 승객은 앞서 말한 따라하기 대화법을 사용하고 있다.

셋째, 내가 앞에서 말한 내용을 놀랄 정도로 정확하게 기억하고 있었다.

완충어구를 사용하라

존경받는 사람은 승무원에게 요구사항을 전달할 때도 고자세를 취하지 않는다. '바쁜 중에 미안하지만', '번거롭게 해서 미안한데', '나중에 틈이 날 때라도 괜찮으니까'와 같이 항상 완충어구를 잊지 않고 덧붙이며 말을 건다.

완충어구는 무언가를 부탁하거나 거절할 때, 부정적인 내용을 전달할 때 등에 사용하는 말로, 본 내용을 말하기 전에 살짝 끼워넣으면 분위기를 부드럽게 하는 효과가 있다. '죄송합니다만', '안타깝지만', '본의 아니게' 등이 대표적인 예다. 이런 배려의 표현 한마디에 무엇이든 기꺼이 나서서 해드리고 싶어지는 것이 서비스업에 몸을 둔 사람의 본능이다.

완충어구와 더불어 고맙다는 말도 매우 중요하다. 퍼스트클래스의 승객은 비행기에서 내릴 때 승무원에게 "고마워요" 또는 "수고했어요" 하는 한마디 인사를 잊지 않는다. 그만큼 승무원의 일을 인정해준다는 의미다.

성공한 사람들은 무대 뒤에 있는 사람들에게도 빛을 비출 줄 안다. '당신이 있어서 이런 성과를 낼 수 있었다'며 감사의 마음을 확실히 전달하는 것이다. 이는 업무 능력이나 처세술과는 또 다른 인간성 차원의 문제다. 특히 제로에서 시작해 차근차근 실적을 쌓아나간 창업주들을 보면 많은 사람들을 접해 온 사람은 역시 다르구나 하는 생각이 들곤 한다.

다른 사람의 기분을 헤아릴 줄 아는 사람과 모르는 사람은 나중에 일의 성과를 보면 큰 차이가 나타난다.

성공한 사람들은 다른 사람을 자기편으로 만드는 전문가다. 진심으로 자신을 후원해주는 사람을 많이 두었다는 것은 유명한 경영자들에게 공통되는 성공 요인 중 하나이기도 하다. 사람을 내 편으로 끌어들이는 마법의 말, 그것이 '고마워요'의 위력이다.

침묵의 힘

퍼스트클래스의 승객은 어떻게 말할까? 주위 사람 몇 명에게 물어보았더니 "낮은 목소리로 알아듣기 쉽게 천천히 정중하게 이야기할 것 같아"라는 대답이 돌아왔다. 딩동댕. 거의 정확하다. 그리고 그들의 '말하는' 방식에는 또 하나 중요한 특징이 있다. 그것은 바로 '침묵'이다. 다카쿠라 겐(일본의 배우. 말수 적고 진중한 역할을 주로 맡았다—옮긴이)처럼 과묵하다는 뜻이 아니라 짧은 침묵을 시의적절하게 잘 활용한다.

침묵이 유용한 때는 다음과 같은 순간이다. 승무원의 서비스에 불만을 제기할 때 앞서 이야기한 예고 절차와 완충어구를 사용해 말을 꺼낸 뒤, 본론을 이야기하기 전에 짧은 침묵을 끼워넣는 것이다. 그것만으로도 듣는 사람은 다음에 중요한 말이 이어지리라는 것을 짐작할 수 있다. 그러면 상대방이 하는 말을 한마디도 놓치지 않고 들으려고 주의를 집중하게 된다.

이는 강연이나 강의, 프레젠테이션 등에서도 유용하게 사용할 수 있다. 시작하기 전 잠시 침묵을 지키면 청중은 '지금부터 무언가 중요한 이야기가 시작되겠구나' 하고 생각하고 주의를 집중한다. 청중의 의식이 한곳에 집중되어 일순 정적이 감도는 순간 이야기를 시작하는 것이다.

기내 방송을 할 때도 중간에 잠시 틈을 둘 때가 있다. 주로 중요한 내용이 시작되기 직전이다. 도착시간, 통과 지점, 도착지 날씨 등과 같이 중요한 정보를 전달하기 전에 한 호흡을 쉬면 분위기가 어수선한 기내에서도 승객의 이목을 집중시킬 수 있다. 듣는 사람도 이제 중요한 내용이 시작될 거라고 생각하며 듣기 때문에 정보를 놓치지 않고 머릿속에 집어넣을 수 있다.

이야기할 내용이 많다고 해서 쉴 틈 없이 정보를 쏟아부으면 오히려 아무것도 전달되지 않는다. 사이사이에 들어가는 짧은 침묵은 그래서 매우 중요하다.

먼저 어색함을
깨라

비행기가 이륙하고 착륙할 때 승무원은 점프시트라고 부르는 보조의자에 앉는다. 승객과 마주 보고 앉아야 하기 때문에 처음에는 시선 처리도 어렵고 쑥스러워서 '어서 비행기가 이륙했으면' 하는 생각뿐이었다. 그러다 문득 깨달았다. '내가 먼저 말을 걸어보면 어떨까?' 하고 말이다.

그래서 마주 앉은 승객에게 내가 먼저 말을 건넸다. 승객 역시 나와 마주 보고 있었기 때문에 약간 민망한 상황이었는지 반갑게 대답해주곤 했다.

"가족끼리 여행을 가시나 봐요."

"런던에는 무슨 일로 가시나요?"

　이렇게 대화를 나누며 내가 아는 현지 정보도 전해주고 또 승객들의 이야기도 듣다 보면 어색함은 사라지고 친근함만 남는다.

　어느 날은 비행기에 산업디자이너가 탑승했다. 처음에는 사소한 잡담을 나누기 시작했던 것이 나중에는 그 승객이 디자인한 상품에 대한 이야기로 화제가 흘러갔다.

　"아, 맞다. 이것 좀 봐줄래요? 이번에 새로 디자인한 건데, 여자들이 보기에는 어떤지 궁금해서 말예요."

　이렇게 격의 없이 여성의 입장에서 본 의견을 묻는 질문에 우리 승무원들은 솔직한 생각을 이야기하면서 매우 즐거운 시간을 보냈다. 퍼스트클래스의 승객들은 다른 사람을 무장 해제하는 신기한 힘을 가지고 있다.

　우선 본인이 활기가 넘치고, 상대방의 눈을 똑바로 보면서 이야기한다. 물론 노려보는 것이 아니라 웃는 얼굴로 바라보는 것이다. 그러면 처음에는 긴장해 있다가도 어느새 어깨에 힘이 빠지면서 편안하게 대화를 나누는 내 모습을 발견하게 된다.

　특히 스스로 기업을 설립해 성공으로 이끈 창업주들은 다른 사람의 긴장을 풀어주는 데 능숙해서 대화하기가 즐거웠고 또 대화를 통해 배우는 점이 많았다. 자신의 무용담과 함께 과거에 있었던 일을 다양한 관점에서 분석해 들려주기 때문에, 재미있으면서도 들어두면 나중에 도움이 되었다.

퍼스트클래스에 타는 승객은 각계에서 크게 활약하는 저명인이다. 그러나 일부 예외를 제외하고는 대부분의 승객들이 승무원에 대해서도 동료들과 이야기하는 것처럼 동등한 태도로 대해주었기 때문에 처음에 느꼈던 긴장감은 이야기를 나누는 사이에 곧 사라졌다.

마음을 열게 하는 16가지 방법

여기에서는 대화를 할 때 효과적으로 사용할 수 있는 상대방의 마음을 열게 하는 방법 16가지를 소개한다. 이 방법들은 내가 회사를 운영하면서 인생의 선배들을 만난 경험을 통해 완성한 개인적인 이론이다.

　1. 자리에 앉을 때는 상대방의 대각선 방향이 좋다.
　2. 상대방의 말을 중간에 끊지 말고 다 끝날 때까지 귀를 기울인다.

3. 상대방을 정면으로 마주 보고 때때로 눈을 마주친다.

4. 상대방이 말하는 내용을 예측해서 결론을 앞질러 말하지 않는다.

5. 목소리의 어조 변화, 표정, 제스처 등 언어로 표현되지 않는 정보를 읽는다.

6. 무슨 일이 있어도 상대방의 말을 부정하지 않는다.

7. 상대방이 이야기하는 중에 내가 다음에 할 말을 생각하지 않는다.

8. 적절한 빈도로 고개를 끄덕인다.

9. 얼굴 전체로 미소 짓는다.

10. 긍정적인 호응을 보인다('예'라는 말만 반복하는 것은 좋지 않다).

11. 몸을 약간 앞으로 내민다.

12. 팔이나 다리를 꼬지 않는다.

13. 이야기하는 상대방에게 손가락질을 하지 않는다(심리학에서는 사람에게 삿대질을 하는 것은 '내가 더 잘났다'는 의사 표시라고 한다).

14. 시계나 휴대전화를 보지 않는다(그 자리를 빨리 벗어나고 싶다는 의미로 받아들여진다).

15. 머리카락을 자꾸 만지지 않는다(불결하게 보인다).

16. 상대방이 불평을 늘어놓을 때는 "○○라서 그런 일이 있었군요", "그런 일이 있으면 누구든 기분이 나빠지지요"와 같이 상대방 입장에서 공감하면서 반드시 "예", "정말 그래요"와 같이 긍정의 대

답이 돌아오는 질문만 한다.

이 16가지 항목을 명심하면 상대방은 자신의 이야기를 들어주어서 고맙다고 생각하고 나에게 호의를 품게 된다. 그리고 동시에 점점 마음을 열기 시작할 것이다. 다른 사람의 이야기를 들을 때는 성의를 가지고 우선 눈 맞춤과 미소로 나의 호의를 전달하자.

상대방 이야기를 들을 때의 주의점도 하나 들어두자. 동물행동학자인 데즈먼드 모리스(《털 없는 원숭이》의 저자—옮긴이)는 "인간의 본심은 어깨 아래에서 드러난다"고 말한 바 있다. 표정은 가장할 수 있지만 심층심리에서 '싫다', '재미없다'라고 생각하면 무의식중에 펜을 만지작거리거나 다리를 떠는 등의 행동을 하게 된다고 한다. 몸은 그 정도로 솔직하다는 의미다. 다른 사람의 이야기를 들을 때는 다리를 떨지 않도록 주의하자.

기내 서비스를 할 때도 승객이 다리를 떠는 것을 목격할 때가 자주 있다. 장시간 동안 좁은 기내에 갇혀 똑같은 자세로 의자에 앉아 있다 보니, 지겹고 불편한 기분이 증폭되어 다리를 통해 나타나는 모양이다.

제3장

퍼스트클래스의 발상법

주변 환경을
내 편으로 만들어라

누군가가 나에게 친절을 베풀었다면 '고마워요'라는 말로 감사의 마음을 전달한다. 당연히 해야 하는 일이다. 그러나 항상 그렇게 하는 사람은 생각처럼 많지 않다. 마음속으로는 고맙다고 생각하고 있더라도 말로 표현하는 법이 없고, 눈이 마주치면 곧 시선을 피하는 사람도 많다. 동양인들의 문화적 특징이기도 하다.

어느 비행에서 가져다드린 물을 승객이 다 마신 후 컵을 가지러 다시 좌석으로 갔을 때 있었던 일이다. 테이블에 놓인 컵을 들어올린 순간 나는 내 얼굴이 저절로 환해지는 것을 느꼈다. 컵을 올려 두었던 냅킨에 "고마워요. 항상 수고가 많네요"라는 메시지가 쓰여 있었던 것이다. 그렇게 물건을 받아드는 태도 하나만으로도 다른 사람을 기분 좋게 만들 줄 안다. 부탁을 할 때도 "급하지 않으니까 나중에 가져다줄 수 있을까요?" 하고 승무원의 입장을 고려하면서 정중하게 부탁한다.

퍼스트클래스에 탑승하는 경영자들은 고맙다는 한마디가 상대방을 굉장히 기쁘게 한다는 사실을 본능적으로 알고 있다. 그리고 상대방이 기뻐하는 것을 곧 자신의 기쁨이라고 느낀다. 감사의 말을 전하는 태도가 습관화되어 있는 것은 그 때문이다.

나도 같은 경험을 한 적이 여러 번 있다. 이전 비행에서 내가 서비스를 담당했던 어느 기업의 사장님은 다음 비행에서 재회했을 때 "미즈키 씨, 그동안 잘 지냈어요?" 하고 인사를 건네주셨다. 한 번 만났을 뿐인 내 이름을 기억하고 있었던 것이다. 그분의 기억력에 놀라는 한편, 역시 마음 깊이 감동을 느꼈다. 나를 일개 승무원이 아닌 한 명의 개인으로 대해주었다는 증거이기 때문이다. 성공한 사람들은 이런 행동을 의식하지 않고도 자연스럽게 실행하는 사람들이다.

상대방을 감동시키는 것은 쉽지 않은 일이다. 이 사람을 감동시켜야겠다는 의도가 앞서면 행동에는 어색함이 감돌고 얄

팍하게까지 느껴진다. 남들에게 자연스럽게 감동을 전달하는 사람들의 태도는 나도 꼭 본받아 습관으로 만들고 싶다.

나와 비슷한 동연배의 인맥을 만들어라

퍼스트클래스 승객 중에는 근처에 앉은 승객이 누구인지 승무원에게 물어보고 인사를 나누러 가는 사람도 있다. 그 태도는 매우 겸허하다. 나도 한 기업의 경영자가 되고부터는 지금의 내 위치에 어울리는 인맥을 만들 필요가 있으며, 그러기 위해서는 교제하는 사람을 선별해야 한다는 사실을 알게 되었다.

이런 말이 있다.

"나 자신을 알려면 내 주위 사람 열 명을 골라서 10으로 나눈다. 그러면 그것이 현재의 내 모습이다."

기업을 경영하는 사람들은 어떤 의미에서는 고독하다. 고민이 있어도 같은 환경에 놓인 신뢰할 수 있는 한정된 사람에게 토로할 수밖에 없고, 자신의 입장을 완전히 이해해줄 사람을 만나기는 더욱 어렵다. 그런 만큼 새로운 만남에 적극적으로 나서고 싶지만, 바쁜 시간을 쪼개서 투자하기에는 너무 번거로운 일이다.

그렇기 때문에 퍼스트클래스에 동승한 자신과 같은 처지에 있는 다른 승객에게 인사를 하는 것은 매우 효율적인 인맥 형성 방법이다. 그래서 그들은 승무원에게 "저쪽에 앉은 승객은 누구지?" 하고 묻기를 망설이지 않는다.

당신은 지금 자신의 위치에 어울리는 인맥을 만들기 위해 퍼스트클래스 승객만큼 노력하고 있는가? 스스로에게 질문을 던져보자. 예를 들면 회사원이라면 '언젠가는 독립해서 내 사업을 시작하겠다'라는 생각을 품고 있는 사람이 많을 것이다. 그렇다면 같은 꿈을 품고 있는 동년배의 회사원을 몇 명이나 알고 있는가?

경영인이 모이는 세미나에 참석하면 그날 당장 100명이 넘는 사람들과 명함을 주고받게 된다. 그러나 명함 교환만 하고 더 이상 인연을 이어나가지 않는 사람이 대부분이다. 인맥을 넓히고자 한다면 그날 바로 메일이나 카드를 보내는 등의 노력을 아끼지 말아야 한다.

규칙을 무시하는 사람은
존중받지 못한다

인맥을 넓히는 것은 중요하다. 그러나 그렇다고 해서 규칙을 무시하는 행동을 해서는 존중받을 수 없다. 퍼스트클래스 승객은 기본적으로 누구에게나 우호적인 태도를 보이지만, 무례한 사람은 상대를 하지 않는다.

어느 날은 식사 서비스가 끝난 직후, 기내가 가장 혼잡한 시간을 틈타 비즈니스석의 승객이 퍼스트클래스의 커튼을 벌컥 열어젖히고 돌진해온 일이 있었다.

손에는 명함과 함께 아마도 사업 제안서인 듯한 서류를 들고 있었다. 그리고 전국에서 모르는 사람이 없을 유명 기업의 CEO가 휴식을 취하고 있을 때 갑자기 다가가 다짜고짜 영업

활동을 시작했다. 그 CEO의 옆자리가 공석이어서 마침 잘됐구나 싶었을 것이다. 게다가 당시 퍼스트클래스의 좌석은 팔걸이를 사이에 두고 두 개의 좌석이 나란히 위치한 형식이었다.

기업 CEO가 미소를 짓고 있었기 때문에 나는 '혹시 아는 사람인가?' 하고 잠시 생각했다. 그러나 승객이 명함을 건넨 후 팸플릿을 꺼내들고 설명을 시작했기 때문에 아는 사이가 아니라는 것을 금방 알 수 있었다.

나는 즉시 그 승객에게 본인 좌석으로 돌아가달라고 안내를 하고, 앉아 있던 CEO에게 "정말 죄송합니다. 저희가 대응이 늦어 폐를 끼쳤습니다"라고 말했다. 그러자 그분은 익숙하다는 듯이 "괜찮소. 지금은 시간도 많고 지금 같은 막무가내 영업은 자주 있는 일이니까. 그것보다 앞좌석 사람에게도 사과를 해야 할 텐데" 하고 대답했다. 전혀 불쾌한 표정도 짓지 않고 다른 사람에 대한 배려를 먼저 생각했다. 막무가내 승객은 전혀 신경도 쓰지 않았다는 표정이었다.

약속도 하지 않고 다짜고짜 영업을 하는 태도는 상대방에게 자기는 '아무 생각 없이 무례를 범하는 사람'이라고 소개하는 것이나 마찬가지다. CEO를 만나 자기 사업에 대해 홍보를 하고 싶다면 믿을 만한 소개자를 내세워 사전 접촉을 하고,

비서를 통해 시간 약속을 잡고 기획서를 먼저 전달하는 것이 자연스러운 순서일 것이다.

개중에는 "비서가 아니라 사장님과 직접 이야기하고 싶습니다"라고 우기는 영업인도 있다. 그런 태도는 상대편 입장에서 보면 '우리 비서를 뭘로 보는 거지' 하고 불쾌감을 주는 결과를 초래하기 쉽다.

이런 일도 있었다. 퍼스트클래스에 처음 탑승한 30대 남성 승객이 승무원에게 좌석을 바꿔달라고 요청했다. 모 유명 실업가의 옆 좌석에 앉고 싶다는 것이었다. 그의 말로는 "아는 사이라서 옆자리에 앉고 싶다"는 것이었지만, 실은 그 실업가에게 접근해 자기 사업에 대한 홍보를 할 속셈이었을 뿐이다.

그 마음은 이해가 된다. 그 실업가는 강연에 한 번 초빙하는 데 백만 엔 단위의 사례가 필요한 거물이다. 메이저 신문사나 방송국에서 취재 요청을 해도 승낙을 받기가 쉽지 않을 정도다. 나도 가까이에서 이야기를 나눌 기회가 있다면 놓치고 싶지 않다.

그러나 알다시피 이런 행위는 무례한 일이다. 어째서 무례한지 모르겠다면 기본적인 비즈니스 매너부터 다시 배울 필요가 있다. 입장을 바꿔보면 곧 알 수 있는 일이기 때문이다.

대외적으로 얼굴이 알려진 성공한 사람은 그만큼 개인적인 시간에는 남들 눈에 띄는 것을 꺼린다. 비행기를 타고 이동하는 시간은 지극히 개인적인 시간이다. 그 귀중한 시간을 무례하게 침범하는 사람이 성공할 수 있을 리 없다. 다른 사람의 기분을 배려하는 것이 비즈니스의 기본이기 때문이다.

인맥을 넓힐 때 주의해야 할 7가지 금기

인맥을 넓히고자 할 때 가장 좋은 방법은 역시 정공법이다. 옳은 행동을 꾸준히 지속하다 보면 인맥은 점점 넓어지게 마련이다. 어쩌면 당신의 사업 계획서를 보고 자금을 출자하고 싶다는 키다리 아저씨 같은 후원자가 나타날지도 모른다. 또는 비즈니스에 도움이 되는 귀중한 조언을 해주는 귀인과 가까워질 수도 있다.

굳건한 인맥을 구축하기 위해서는 절대 피해야 할 좋지 않은 태도를 정리해보았다.

1. 상대방의 소중한 시간을 빼앗는다.

2. 인사도 명함 교환도 하지 않고 자기가 하고 싶은 말만 일방적으로 쏟아붓는다.

3. 처음 만난 자리에서 사업 이야기를 한다.

4. "어떻게 하면 나도 성공할 수 있을까요"라고 질문한다.

5. 어울리지 않는 장소에서 만날 약속을 한다.

6. 상대방이 우호적인 태도를 보였을 때 친해졌다고 착각한다.

7. '대부분', '거의', '조금만 더 하면'과 같은 모호한 표현을 사용한다.

이 7가지 항목은 내가 기업을 경영하면서 경험한 사례에서 이끌어낸 피해야 할 태도다.

나는 미국에 유학한 적이 있어서 외국에서는 사업을 할 때 어느 정도 강력하게 밀어붙이는 미국식 태도나 끈질기게 시도하는 자세가 필요하다는 사실을 이해하고 있다. 또한 나 스스로도 무모할지 몰라도 일단 부딪혀보자는 자세를 취해서 좋은 결과를 낸 경험이 있다.

그렇다 해도 사람끼리 사업을 진행할 때는 어느 정도 품위와 조심스러운 태도, 청결함, 겸허함이 필요하다. 국내에서 내국인을 상대로 사업을 진행할 때는 우리 사회에서 미덕으로 받아들여지는 품위와 배려, 겸허함을 앞세우는 태도가 더 필요하다고 여겨진다. 적절하게 조절하기가 쉽지 않겠지만, 적극적인 태도와 조심스러운 자세 사이에서 적절한 균형을 지키는 것이 가장 중요할 것이다.

웃는 낯으로 조용히 인연을 끊는다

사람을 대할 때 거리를 두지 않고 상대방을 받아들이며 마음의 문을 활짝 여는 사람이 있다. 자연스럽게 이런 태도를 취할 수 있는 사람은 우호적이라는 평가를 받는다. 앞에서도 계속 이야기했듯이, 성공한 사람들은 기본적으로 다른 사람을 대할 때 우호적인 태도를 취한다.

상대방이 자기를 인정해주면 누구나 기쁨을 느끼고 그 사람 가까이에 머물고 싶어 하게 된다. 그러나 웃는 낯으로 조용히 인연을 끊는 것 또한 성공한 사람들이 보이는 일면이다. 당신도 '그러고 보니⋯⋯?' 하고 마음에 짚이는 사람이 있지는 않은지 자신을 돌아보자.

고객이 클레임을 제기하는 것도 마찬가지 맥락이다. 클레임이 들어온다는 것은 아직 고객이 우리 회사에 애착을 가지

고 있으며 계속 거래를 이어가고 싶어 한다는 증거다. 고객에
게 '상대할 가치도 없는 회사'라고 낙인이 찍히면 항의도 이의
제기도 없이 조용히 거래가 끊기고 만다. 깨달았을 때는 이미
기존 인맥은 모두 자취를 감춘 뒤다.

실력이 뒷받침되지 않는 인맥은 언제든지 조용히 사라진다
는 사실을 잘 기억해두자.

성공한 사람들이
아내를 극진히 모시는 이유는?

높은 지위에 오를수록 솔직한 충고를 해주는 사람은 줄어든다. 그러나 가족만큼은 내가 아무리 출세를 하더라도 개의치 않고 솔직한 생각과 감정을 말해주는 귀중한 존재다.

퍼스트클래스의 승객 중에는 아내에게 줄 선물을 고민하다가 승무원에게 의견을 구하는 남성이 적지 않다. 가족사진을 지갑에 끼워서 가지고 다니며 자신의 가족을 소개하기도 한다. 딸을 유명 운동선수와 결혼시킨 모 기업의 총수는 퍼스트클래스의 단골 승객이다. 회사에서의 이미지와는 달리 언제나 가족사진을 미소와 함께 지긋이 바라보던 모습이 인상적인 기억으로 남아 있다.

가족에 대한 애정을 공공연하게 드러내는 행동을 부끄럽게 여기는 사람도 있을지 모른다. 그러나 가족을 소중하게 대할 줄 모르는 사람은 회사의 구성원도 마찬가지로 소중하게 여기지 않는 법이다. 가정에서 내조를 해줄 가족을 소홀히 여겨서는 안 된다. 가정은 마지막 보루와도 같기 때문에, 가정이 무너지면 신경이 분산돼 전력을 다해 일에 집중할 수 없다. 일에 충실하기 위해서는 우선 가족을 소중하게 여겨야 한다. 퍼스트클래스의 승객들은 지극히 자연스럽게 그 사실을 나에게 가르쳐주었다.

여성은 남성이 신경 쓰기 힘든 사소한 부분까지 세심한 배려를 할 수 있다. 그래서 퍼스트클래스의 승객들은 서비스나 상품 개발에 여성의 의견을 적극 활용해야 한다는 사실을 잘 알고 있다. 평소에는 잘 모르고 넘어가기 쉽지만 여성의 힘은 눈에 잘 띄지 않는 곳에서 큰 위력을 발휘한다. 그러므로 모든 여성은 존중해야 하는 존재라는 점을 경험상 잘 알고 있었다.

기내에서 여성에게 반드시 화장실을 양보하는 모습도 자주 볼 수 있다. 아마도 기내가 아닌 외부에서도 마찬가지일 것이다. 또한 승무원이 수하물을 선반에 올리려고 하면 "그건 그냥 둬요. 무거우니까 내가 옮기겠소"라며 위쪽 선반에 스스로 짐을 올린다. 또 승무원에게 무언가를 부탁할 때도 반드시 정면이나 비스듬히 앞에서 말을 건다. 등 뒤에서 사람을 불러 세우는 것은 매너에 어긋나는 행동이기 때문이다.

조리실의 커튼이 닫혀 있을 때 마음대로 열어젖히는 일도 없다. 커튼이 닫혀 있을 때는 승무원이 식사 중이거나 서비스 준비 중이라는 사실을 알고 있기 때문이다.

퍼스트클래스석과 비즈니스석은 출입구가 같다. 비행기가 착륙하고 나면 승무원은 퍼스트클래스석과 비즈니스석 통로 중간에 서서 몸으로 길을 막고 퍼스트클래스석 승객을 먼저 안내한 다음 몸을 비켜 비즈니스석과 이코노미석의 승객을 안내한다.

어느 날은 비행기가 도착한 후 퍼스트클래스의 승객이 문 부근에서 안경을 두고 내린 것을 깨닫고 좌석으로 안경을 찾으러 돌아간 적이 있었다. 안경은 좌석 앞의 수납 주머니에 있었는데, 승객이 안경을 가지고 다시 나왔을 때는 이미 다른 좌석의 승객이 내리기 시작한 뒤였다.

그 승객이 내리려고 하는 순간 마침 세 살 정도의 여자아이를 데리고 있는 어머니와 내리는 순서가 겹쳤다. 그분은 사회적 지위나 나이를 내세우는 일 없이 어머니와 소녀를 향해

"아가씨들 먼저 내리시지요" 하고 순서를 양보했다. 빨리 내리려고 서두르지 않는 것은 여행에 익숙한 사람의 특징이다. 순서를 양보하는 모습에서 그의 세련된 매너와 여유가 느껴졌다. 또 어린아이와 어머니를 '아가씨들'이라고 부른 데서는 유쾌한 유머 감각을 느낄 수 있었다.

자수성가한 사람들은 아내를 존중한다. 많은 사람들 앞에서 아내를 은근히 띄워주며 아내 덕에 자기가 성공할 수 있었다고 말한다. 아내한테 잡혀 산다며 엄살을 떠는 승객도 많이 봐왔다. 성공한 사람들은 아내를 평생의 파트너로 신뢰하고 있었다. 늘 아내를 존중하고 아내의 의견에 귀를 기울인다.

남자들의 치명적인 한계는 지위가 올라갈수록 곁에서 조언해주는 사람이 줄어드는 것이다. 그런 상황에서 아내는 이해관계를 초월해 진심으로 충고해줄 수 있는 유일한 존재였다는 것이다. 이렇게 여성을 소중하게 대하는 경영자는 주위 사람은 물론 모든 부하 직원들로부터 신뢰를 받는다.

변호사를 두 명
고용하는 이유

퍼스트클래스에 탄 승객들은 때때로 돈에 관심이 없는 듯한 발언을 하기도 한다. 그러나 사실 돈에 관심이 없을 수는 없다. 회사의 재무, 매출과 이익, 새로운 사업을 시작하기 위해 필요한 투자 자금에는 민감한 반응을 보인다. 그것은 경영자로서 당연한 일이다.

돈을 사용하는 방법에는 그 사람의 인격이 뚜렷하게 드러나는 법이다. 진정한 부자는 허세를 부리는 데 돈을 쓰지 않는다. 그러나 자산가치가 올라갈 거라고 예상한다면 투자를 아끼지 않는다. 또한 언뜻 보기에는 쓸모없이 보일지라도 사업 수완에 따라 투자한 금액 이상의 성과를 얻을 수 있을 거라고 예상한다면 그것은 낭비가 아니라고 생각한다.

퍼스트클래스에서 만난 미국인 경영자와 대화를 나누던 중에 재미있는 이야기를 들었다.

"나는 변호사를 반드시 두 명 고용해요. 한 사람은 비싼 변호사, 또 한 사람은 싼 변호사로."

"네? 변호사를 두 명이나 고용하신다고요?"

"쉽게 처리할 수 있는 간단한 안건은 저렴한 변호사에게, 전문적인 상담은 비싼 변호사에게 나눠서 맡기고 있죠. 저렴한 변호사에게 중요한 안건을 상담하면 '다음에 오실 때까지 조사해서 알려드리겠습니다'라고 하거든요. 그러면 그가 공부하는 시간에 대해서도 내가 돈을 지불해야 하는 처지가 되어버리죠. 반면 비싼 변호사를 만날 때는 내 쪽으로 오라고 하지 않고 내가 그쪽 사무실로 찾아가요."

"어머, 그건 무슨 이유죠?"

"비싼 변호사는 자기 사무실에서 응접실로 걸어오는 시간까지도 요금이 부과되거든요. 내 사무실로 오라고 하면 그가 운전해 와서 차를 주차장에 세우고 엘리베이터를 타고 올라오는 시간까지 전부 요금 부과 대상이 되는 거예요. 그래서 내가 직접 가요. 그러면 우리 둘이 얼굴을 마주 보는 순간부터만 요

.

금을 내면 되니까, 꼭 필요한 비용만 지불할 수 있지요."

변호사를 두 사람이나 고용하다니 얼핏 보기에는 낭비처럼 보이지만, 거기에는 확고한 이유가 있었던 것이다. 그 결과 합리적인 투자가 된 셈이다.

이와 같이 의의가 있다고 판단된다면 투자를 하는 것이 현명한 사람의 소비 방법이다. 무엇보다 퍼스트클래스에 타는 것부터가 사교와 인맥 형성을 위한 '투자'라고 생각해보면 성공한 사람은 과연 돈 쓸 곳을 잘 알고 있다는 사실을 납득할 수 있을 것이다.

남들을 기분 좋게 하기 위해 돈을 쓴다

뉴욕으로 향하는 비행기 안에서 식사는 전혀 하지 않고 물과 진토닉, 가벼운 안주 정도만을 먹은 승객이 있었다. 그런데도 불구하고 그는 친절한 서비스를 받은 보답을 하고 싶다며 그날 비행기에 탑승한 기장을 비롯한 승무원 전원을 도착지 뉴욕에서 식사에 초대했다. 물론 승무원 전원이 참석했고 현지 법인의 담당자도 합류했다.

그는 승무원인 우리를 대할 때만이 아니라 자신의 직원은 물론 레스토랑 직원을 대할 때의 태도에도 전혀 차이가 없어서 놀라웠다. 아무에게나 가능한 일은 분명 아니다.

또한 식사 중의 대화에서도 성공한 사람에게 으레 있을 법한 자기 자랑이 전혀 없었다. 초대 받은 우리도 알 만한 저명인사에 대한 이야기나 기내에서 있었던 사건 등 재미있는 이야기를 들은 덕분에 매우 즐거운 식사 시간을 보낼 수 있었다.

우리 쪽에서 "어떻게 해서 지금처럼 성공하게 되셨어요?"라는 질문을 던졌을 때도 그는 "○○ 씨라는 분 덕분이지요. 어떤 일이 있었냐면……" 하고 에피소드를 섞어서 이야기하며 다른 사람에게 공을 돌렸다. 자신의 노력이나 실력만이 아니라 다른 사람이 이끌어준 덕분에 성공할 수 있었다는 이야기였다. 겸손과 배려가 느껴지는 태도였다. 그리고 2차로 다른 가게에 가서 5분 정도 지난 후 "그럼 나는 이만 실례할 테니 여러분은 재미있는 시간 보내세요. 오늘은 정말 즐거웠어요. 고마워요" 하고 말하며 자리를 떴다. 돌아갈 때는 전원과 악수하는 것을 잊지 않았다.

처음에 들어갔던 가게를 나왔을 때 바로 자리를 떴더라면 우리도 각자 뿔뿔이 흩어지면서 모임이 끝나버렸을 것이다.

다른 가게로 옮겨서 분위기가 정돈되기를 기다렸다가 자리를 뜬 데서도 우리를 위한 배려를 느낄 수 있었다. 게다가 모임이 끝나고 돌아가는 길에는 비서를 통해 우리들 전원에게 초콜릿을 선물하기도 했다.

3일 후 나리타공항에 돌아왔을 때는 식사 때 촬영한 사진과 작은 카드가 우리를 기다리고 있었다. 실제로 사진과 함께 카드를 써서 보낸 사람은 아마 비서였겠지만, 세심한 배려를 잊지 않고 지시를 내렸을 그 승객의 마음 씀씀이를 생각하면 모든 면에서 진심으로 머리가 숙여졌다.

자기 과시, 그 이상의 욕구 실현을 위하여

나는 많은 승객을 만나면서 사람은 누구나 자신의 위치에 걸맞은 보상을 받기 바라며 행동한다는 점을 느꼈다. 나는 그것을 '나선의 법칙'이라고 부른다. 성공으로 향하는 계단을 상징적으로 나선이라고 표현한 것이다. 여기서 그 사람의 위치란 성공으로 향하는 계단에서 그 사람이 어느 단계에 있는가를 의미한다. 사람들은 '유소년', '사회인', '부자', '큰 부자', '훌륭한 인격을 지닌 성공한 사람'이라는 단계를 하나씩 밟으며 점점 계단 위로 올라간다.

어렸을 때는 '남들에게 친절을 베풀고 친구들과 사이좋게 지내고 어려운 사람을 돕자'라고 배우고, 그것을 한 점의 의심도 없이 열심히 실행한다. 그때 내가 받는 보상은 상대방의 기뻐하는 얼굴과 '고마워'라는 한마디 인사가 전부이고, 또 그걸로 충분하다.

사회인이 되면 자신이 일해서 번 돈으로 스스로 생계를 꾸려나가야 한다. 젊을 때는 수입이 적으니까 생활비를 대기에도 빠듯한 사람이 많을 것이다. 다른 사람을 위해 돈을 쓰는 것은 엄두도 내지 못하기 쉽다. 이때 받을 수 있는 보상은 일년에 한두 번, 조금씩 모은 돈을 탈탈 털어서 스스로에게 가방을 선물한다거나 해외여행을 가거나 하는 정도일 것이다.

부자 단계로 올라서면 자신의 성공을 남에게 자랑하고 싶어 하는 강렬한 '자기과시욕'이 폭발한다. 이때는 명품을 닥치는 대로 사들이는 등 거리낌 없이 돈을 사용한다. 그리고 그것이 성공을 일구어낸 자신에 대한 보상이라고 생각한다.

큰 부자가 되면 의식주를 향유하는 데 돈을 사용한다. 개중에는 아무도 자기를 알아주지 않으니까 스스로 동상을 세워 자화자찬을 하는 사람도 등장한다. 그런 일에는 아끼지 않고 돈을 쓰는 단계다.

그보다 더 큰 성공을 이루어 어느 정도 이상의 경지에 들어선 사람은 돈으로는 살 수 없는 '인덕'이 있는 사람이 되고자 한다. 후대에 이름을 남기고 싶다는 바람을 품게 되는 것도 이즈음이다. 그 결과 사회공헌에 눈을 뜨고 다른 사람이 기뻐하는 모습을 보면 마치 자기 일인 것처럼 즐거움을 느끼게 된다. 이 단계가 되면 다른 사람의 행복해하는 얼굴과 감사의 말이 자신에 대한 보상이 된다.

그렇다. 상대방의 기뻐하는 얼굴과 고맙다는 한마디로 충분히 보상을 받았던 유소년기와 같은 경지로 돌아간 것이 아닌가!

사회인 단계에 있는 사람들은 대부분 다소 돈에 여유가 있을 때라도 다른 사람들을 만나는 기회를 줄이고, 모임을 갖더라도 돈은 내지 않고 얻어먹기만 좋아하는 등 대인관계에 돈 쓰는 것을 꺼리는 모습을 많이 보인다.

이때부터 성공한 사람처럼 행동할 수는 없는 노릇이지만, 다른 사람을 기쁘게 하는 일에 투자할 줄 아는 태도는 매우 중요하다. 다른 사람의 기분을 배려하는 태도에서 중간 단계를 뛰어넘어 곧장 비즈니스 엘리트 단계로 진입하는 지름길이 열리기도 하기 때문이다.

한 이코노미석
승객의 배려

비행기에 타면 난기류 때문에 기체가 심하게 흔들릴 때가 있다. 흔들리는 정도에서 끝나면 괜찮지만, 기상 악화 등의 이유로 목적지 공항에 내리지 못하는 경우도 발생한다. 실제로 그런 경험을 했을 때의 일이다.

비행기는 뉴욕으로 향하고 있었는데, 당시 존 F. 케네디 공항의 활주로가 다른 항공기에서 발생한 버드 스트라이크(엔진 속으로 새가 빨려 들어가는 것) 때문에 일시적으로 폐쇄되는 상황이 발생했다. 그래서 우리가 탄 비행기는 존 F. 케네디 공항에 착륙하지 못하고 대신 보스턴에 있는 제너럴 에드워드 로런스 로건 국제공항에 착륙했다. 보스턴에서 뉴욕까지는 차로 4시간 정도 가야 하는 거리다.

착륙했다고 그걸로 끝이 아니다. 뉴욕에서 비행기를 환승할 예정인 승객도 있고, 존 F. 케네디 공항에 마중 나오는 사람이 있는 승객도 있으며, 중요한 회의나 약속을 앞두고 있는 승객 등 제각기 다음 스케줄이 기다리고 있었다.

착륙 후에도 다음 절차를 위해 대기하다 보니 시간은 어느덧 원래 도착 예정시각에서 5시간이나 지나 있었다. 이런 상황에서는 누구든 화가 날 수밖에 없다. "당뇨병 환자인데 인슐린이 없다"며 울부짖는 승객, 비행기가 착륙하자마자 로밍한 휴대전화로 여기저기 전화를 거는 승객, 기다리는 동안 계속 술을 마셔서 완전히 취해버린 승객 등 기내는 이미 아수라장이었다.

그러나 당시 퍼스트클래스의 승객들은 승무원을 불러 상황을 체크할 뿐 동요가 없었다. 퍼스트클래스의 승객도 바쁘기로는 누구 못지않다. 중요한 거래 상담이나 회의를 앞두고 있는 사람이 대부분이다. 마음속으로는 초조하고 난처한 기분이었을 것이다.

그러나 그들은 한순간 당황했더라도 곧 감정을 추스르고 냉정을 되찾을 수 있는 사람들이었다. 지금까지 사업을 하면서 온갖 산전수전을 겪어왔기 때문에 어지간한 일로는 이성을 잃지 않았다. 사람의 본성은 이런 비상시에 진면목을 드러내는 법이다. 어떤 순간에도 침착함을 잃지 않는 모습을 가까이에서 지켜보면서 퍼스트클래스 승객의 남다른 배포를 여실히 느낄 수 있었다.

기억에 남는 한 승객이 있다. 이코노미석을 담당하는 후배가 달려와서 도움을 청했다. 후배가 승객 바지에 주스를 쏟은 것이다. 나는 승객에게 가서 용서를 구했고 당장 간이세탁을 해서 옷을 말리게 했다. 승객은 기내 담요로 하반신을 가리고는 음료를 쏟은 실수에 대해 "괜찮아요, 트렁크에 바지가 또 있어요"라며 대수롭지 않게 넘겼다. 30대로 보이는 승객은 바지 얼룩보다 약속했던 LA에서 미팅에 차질이 생기지 않을까 걱정했다. 그의 말과 배려에 모든 승무원들은 감사함을 느꼈다. 이틀 후 도쿄로 돌아오는 비행기에서 우리는 그를 다시 만났다. 우리는 죄송한 마음과 감사의 뜻으로 좌석을 업그레이드해서 비즈니스석으로 안내했고 집에 돌아오는 길은 편안하게 모실 수 있었다.

비즈니스 현장에서도 이런 냉정하고 침착한 태도는 항상 필요하다. 예기치 않은 문제가 발생하더라도 침착함을 잃지 않으려면 평소 다양한 가능성을 상정하고 대책을 생각해두는 태도가 도움이 된다. 또한 이런 태도는 함께 일하는 주위 사람에 대한 배려이기도 했다. 동시에 미리 걱정한다고 문제가 해결되지 않는다는 사실을 직시하는 것도 중요하다.

내가 지금 안달복달한다고 사태가 나아지지는 않는다. 오히려 냉정하게 사태를 관찰할 때 해결의 실마리가 나타나기도 한다. 비행기에서 만난 승객들은 그것을 말없이 나에게 가르쳐주었다.

나의 창업 전략

경영학에서는 경쟁이 격렬한 기존 시장을 '레드오션', 경쟁이 없는 새로운 시장은 '블루오션'이라고 부른다. 블루오션을 노리지 않고 레드오션에 뛰어들면 수없이 많은 라이벌들과 피 튀기는 전쟁이 시작된다.

퍼스트클래스에 탑승하는 창업주들은 최초로 블루오션을 항해한 선구자다. '이런 것이 있으면 참 편할 텐데' 또는 '이것을 작게 만들면 휴대가 가능할 텐데' 하는 작은 착상에서 시작해 상품 개발에 뛰어들었다.

기업을 세워 성공적으로 운영하려면 경영 지침, 기업 전략, 상품, 서비스, 시장, 인재, 자금, 지원자 등 꼭 점검해야 하는 사항이 몇 가지 있다. 그중에서 중요하지 않은 요소는 하나도 없다. 그러나 나는 특히 '남들이 모르는 것, 남들이 하지 않는 것을 먼저 한다'는 것을 성공의 조건으로 꼽는다.

그만큼 리스크는 높아지지만 새로운 시장을 개발해 가장 먼저 진출하면 경쟁할 필요가 없다. 블루오션을 항해하는 유일한, 따라서 최고의 기업이 될 수 있다. 나는 항공사를 그만 둔 뒤 2006년 인재 육성 기업을 설립했다. 회사를 설립하면서 내가 몇 번의 수정을 거쳐 최종적으로 완성한 나의 블루오션 전략은 다음과 같다.

승무원을 그만둔 뒤에는 비즈니스 매너와 접객, 서비스를 지도하는 강사로 진출하는 경우가 많다. 나도 매너와 접객 강사를 해보라거나 자기 회사에서 사원 교육을 담당해달라는 제의를 여러 번 받았다. 그러나 나는 프리랜서 강사를 해보려는 생각은 하지 않았다. 지금까지의 경험을 살릴 수 있는 새로운 사업을 시작하고 싶었기 때문이다.

항공 산업이 이제는 사양길에 들어섰다는 견해도 많지만, 지금도 승무원이 되기를 꿈꾸는 여성이 많다. 우선은 승무원 수험생을 대상으로 학원을 운영하자는 계획을 세웠다. 학원은 도쿄 시내에 자리를 잡고 가까이에 사는 학생은 통학하면서 강의를 듣도록 하되, 통학하기 힘든 지방 학생을 위해서는 통신 강좌를 준비하기로 했다.

승무원 수험 학원을 운영하면 강사로 일하고 싶어 하는 전·현직 승무원들이 저절로 찾아올 것이다. 그러니 우수한 강사진은 얼마든지 확보할 수 있으리라고 생각했다. 자신의 전문 지식을 활용해 다른 사람들에게 도움이 된다면 가르치는 사람도 보람을 느낄 수 있을 것이다. 여기까지가 항공사 수험을 중심으로 하는 사업 계획이다.

한편 나는 개인적으로 유명 매체에 비즈니스 매너에 관한 칼럼을 쓰기로 결심했다. 주로 이름이 있는 신문이나 잡지 등에 계속 접촉을 시도했다. 내가 신뢰할 수 있는 비즈니스 매너 전문가로 인정을 받고 지명도를 높이면 전국의 기업과 단체에서 강연과 연수 의뢰가 들어올 거라고 예상했다. 그 수요에 대응할 수 있는 연수 프로그램을 만들고 우리 회사에 등록한 강사들에게 일을 나누어 맡게 하자. 이것은 기업 연수와 강사 양성을 중심으로 하는 사업 계획이다.

우리 회사에 등록된 강사들은 승무원 경험자가 대부분이다. 그들은 엄격한 훈련을 받고 실전에서 활약하고 있는 '서비스업의 프로'인 동시에 예민한 감성과 세심한 배려를 갖춘 여성이며, 서비스에 대해 엄격한 안목을 지닌 소비자이기도 하다. 승무원은 전 세계의 일류 상품과 서비스를 접하는 일이 많기 때문이다. 서비스업의 프로, 여성, 소비자라는 세 가지 관점을 활용할 수 있는 분야를 생각한 것이 바로 마케팅과 리서치 대행 사업이다.

승무원이 지닌 고도의 서비스 정신과 섬세한 감성은 다른 업계에서도 필요로 하고 있을 정도로 잠재성이 높다고 판단했다. 그런 서비스가 지금 없는 것은 서비스를 원하는 기업과 제공하는 기업을 이어주는 존재가 없기 때문이다. 즉 시장은 존재하지만 아직 아무도 시작하지 않았던 것이다.

회사를 설립하기 전에 시장조사를 해본 결과 항공사 수험, 강사 양성, 기업 연수, 마케팅·리서치 대행을 종합적으로 담당하는 기업은 존재하지 않았다. 나는 바로 여기에 비즈니스 기회가 있음을 확신했다.

각 분야 하나하나를 보면 이미 시장은 포화 상태에 있다. 그러나 이 모든 서비스를 하나로 합친 지점에는 내가 유일한 존재였던 것이다.

성공에 다가가는 첫걸음, 목표 적기

비즈니스에서는 과정보다 결과가 중요하다. 열심히 했다면 결과와 상관없이 인정을 받아야 한다는 생각과는 거리가 먼, 결과로 이어지지 않은 일은 의미가 없는 것으로 취급 받는 세계다. 노력이 허무하게 사라지는 일 없이 확실한 결과를 이끌어내려면 어떻게 하면 좋을까? 그러기 위해서는 미리 확실한 목표를 설정하고 그 목표를 이루기 위해 착실히 노력하는 것이 가장 중요하다.

퍼스트클래스의 비즈니스 엘리트들은 목표를 설정하고 그 목표를 이루기까지 끊임없이 노력해온 사람들이다. 그러나 목표 설정이 중요하다는 것은 알지만 무엇부터 시작해야 할지 모르겠다는 사람들이 훨씬 많을 것이다. 여기에서는 그런 사람들을 위한 조언 몇 가지를 들어보겠다.

우선은 목표를 종이에 적는다. 내가 하고 싶은 일을 무엇이든 거침없이 적어보자. 머릿속에 들어 있는 모래를 종이 위에 한꺼번에 쏟아붓는다는 느낌이다.

내가 만난 어떤 경영자는 끊임없이 종이에 쓰는 방법을 통해 노력을 계속할 수 있었다고 이야기한 적이 있다.

·

"사업을 하다 보니 그만 달콤한 유혹에 빠져 편한 길로 가려고 하다가 도산 위기에 직면했다"고 이야기해준 승객은 처음 회사를 세웠을 때의 마음가짐과 목표를 종이에 써서 항상 눈에 띄는 곳에 둠으로써 다른 길에 눈을 돌리지 않도록 노력했다고 한다.

미국의 사회학자 로버트 킹 머튼(Robert King Merton)은 "강하고 뚜렷한 소망은 그것을 강하게 의식하며 골똘히 생각함으로써 실현된다"고 말한 바 있다.

어떤 대학교에서는 졸업을 하는 학생에게 다음과 같은 질문을 한다고 한다.

1. 당신의 목표를 설정했습니까?
2. 목표를 종이에 적었습니까?
3. 최종 목표를 달성하기 위한 계획이 있습니까?

20년 후 추적조사를 한 결과, 세 가지 질문 모두에 '그렇다'라고 대답한 학생은 전체의 3퍼센트에 불과했음에도 불구하고 졸업생 총 자산액의 90퍼센트 이상을 소유하고 있었다. 그뿐 아니라 결혼, 직업, 건강 상태에 있어서도 만족도가 더 높았다고 한다.

우연의 일치일지 모르지만 여기서 또 '3퍼센트'라는 숫자가 나왔다. 비행기에서 퍼스트클래스가 차지하는 비중, 일본의 부유층 비율, 목표를 종이에 적어두었다가 실현한 학생. 모두 전체의 3퍼센트다.

나 역시 먼 훗날에도 자신의 상태에 만족하며 살아가기를 바라기 때문에 처음 회사를 설립한 순간부터 진지한 미래 계획도 무모해 보이는 꿈도 모두 종이에 적어두고 있다. 어떤 선택을 해야 할지 망설여지거나 무슨 일을 먼저 해야 할지 고민될 때면 그 종이를 보고 궤도 수정을 한다. 이루고 싶은 꿈이 있는 사람이라면 지금 바로 종이에 적어보자.

나의 아이디어 발상법

아이디어를 구체화시킬 때 나는 '아홉 칸 격자'를 활용한다. 큰 사각형을 아홉 칸으로 나누어 한가운데에 주제를 쓰고 그 주위에 생각나는 아이디어를 써내려가는 방법이다. 주제를 쓰는 칸을 제외하고 여덟 개의 칸만 채우면 되므로 부담스럽지도 않고 단시간에 집중해서 끝낼 수 있다. 각 칸을 채운 아이디어마다 다시 아홉 칸 격자를 그려 넣어서 다시 한번 집중적으로 파고들어가면 기획서를 하나 쓸 수 있을 정도로 명확한 아이디어가 정리된다. 그러면 나는 그것을 목표 시트에 정리한다.

어떤 승객으로부터 "장사는 연상 게임"이라는 말을 들은 적이 있다. 머릿속에서 막연하게 하고 싶은 일을 이것저것 떠올릴 때는 망상에 불과하지만 종이에 그것을 써내려가면 그 망상이 계획이나 기획의 형태로 완성되어 현실감을 띠기 시작한다. 망상이 현실로 이어지는 첫걸음이 바로 이 아홉 개의 네모칸이다.

생각만 많지 막상 일에 착수하는 데는 서투른 사람이라면 아홉 칸 격자 방식을 사용해보자. 이 방법을 사용하면 '해야 할 것'과 그 목표를 실현하기 위해 '필요한 것'이 시각화되어 명확하게 눈에 들어오므로 큰 도움이 된다.

목표를 달성한 후에는 어떻게 하면 좋을지에 대해서도 언급해두겠다. 경영학자이며 '경영의 신'이라고 불리는 피터 드러커(Peter Ferdinand Drucker)는 이렇게 말한 바 있다.

"목표를 달성했다면 그 순간은 축배를 들 때가 아니라 새로운 목표를 설정해야 할 때다."

목표를 이룬 순간은 잠시 긴장을 풀어도 좋겠지만, 곧 또 다른 목표를 설정하도록 하자.

꿈을 이루는 아홉 칸 격자와 목표 시트

나만의 동영상 서비스 컨셉트

짧게(1분 정도)	강한 인상	쉽게(유튜브나 HP)
여성 대상	동영상 서비스	보기 좋게 촬영
약동감	설명이 필요 없는	편집은 간단하게

〈예〉 현재 나의 목표 시트

목표

새로운 서비스 개발. 여성 강사를 위한 촬영 서비스를 만든다.

이유

1. 능력을 인정받지 못하는 강사가 존재
2. 강사 인력풀 형성
3. 남성에 비해 영업에 자신이 없는 여성 지원
4. 비주얼에 약한 고객 유인
5. PR 방법으로 고민하는 강사가 많음

의의

강사라는 같은 직업을 가진 사람들도 특기는 제각기 다르다. 그들이 가진 보석 같은 재능을 사람들에게 널리 인정받게 해줌으로써 기쁨을 느낄 수 있다.

극복해야 하는 장애물

1. 촬영 스태프 엄선: 제작 회사와 제휴. 아마추어와는 계약하지 않는다.
2. 홍보 방법: 홈페이지에 샘플 영상을 많이 준비해 신뢰도를 높인다.
3. 지방 촬영 시의 절차: 프로듀서를 확보한 뒤 현지 제작 회사와 제휴하는 것으로 부족한 여건 극복.
4. 스태프 선발: 희망자 모집, 촬영이나 동영상에 관심 있는 사람을 선별.

구체적인 계획

홈페이지 제작, 촬영팀 스태프 모집, 강사 양성 강좌와 연계.

현재 상황

홈페이지 제작 중: 사이트명 '히로인'. 샘플 동영상 제작 중.

목표 달성 예정일

12월 1일(홈페이지 서비스 시작)

선언

나는 여기에 선언한다
미즈키 아키코
9월 25일

약속

달성하지 못하면 내가 좋아하는 타이 요리와 초콜릿을 평생 끊겠다.

제4장

퍼스트클래스의
자세

인사의 힘

승무원은 승객과 눈을 마주치며 웃는 얼굴로 인사를 하는 것이 원칙이다. 그러므로 승객만 이쪽을 봐준다면 반드시 눈이 마주치게 된다. 그 타이밍은 승객에게 달려 있다.

퍼스트클래스의 승객은 승무원과 눈이 마주쳤을 때 즉시 인사를 건넨다. 다른 좌석의 경우는 친근하게 인사를 하는 승객도 가끔 있지만, 아무래도 수줍음을 타는 사람이 많다 보니 눈이 마주쳐도 슬쩍 시선을 돌리는 승객이 대부분이다. 인사는 고사하고 웃음조차 보이지 않을 때가 많다.

'고마워요'라는 말 한마디, '안녕하세요'라는 간단한 인사 한 번이면 되는데, 그것조차 받지 못하며 일해야 한다는 생각을 하기 시작하면 우울해질 수밖에 없다. 아무리 노력해도 감정이 일방통행을 할 뿐이기 때문이다.

하지만 그런 일로 일일이 마음에 상처를 받아서는 일을 제대로 할 수 없다. 서비스업에 종사하다 보면 별별 일을 다 겪게 된다. 때로는 세상은 원래 그런 거라고 생각하고 어느 정도 마음을 접을 필요도 있다.

나는 그런 기분을 자조적으로 '불감증력'이라고 부르곤 했다. 무슨 일을 겪든, 무슨 말을 듣든 정신에 타격을 입지 않고 무덤덤하게 지나칠 수 있는 경지다. '세상이 원래 그렇지 뭐'라고 처음부터 크게 기대하지 않으면 승객이 인사를 받아주지 않는다고 해서 실망하는 일은 없다.

반면 퍼스트클래스를 담당할 때면 승객 쪽에서 먼저 적극적으로 인사를 건넨다. 다른 좌석 승객들과는 다른 큰 차이점이다. 지금은 퍼스트클래스 좌석이 대부분 한 좌석씩 독립된 공간을 갖도록 배치되어 있지만 전에는 팔걸이를 사이에 두고 두 개의 좌석이 나란히 배치되어 있었다. 비행기에 탑승한 뒤 한동안은 짐을 정리하고 승무원에게 겉옷을 맡기는 등 분주한 시간을 보낸다. 그럴 때 옆 좌석에 승객이 있으면 퍼스트클래스의 승객은 반드시 가벼운 인사를 나누었다.

　나도 그 모습을 본받아 처음 보는 사람이라도 옆자리에 앉아서 시간을 보내는 상황이 생기면 꼭 인사를 하고 있다. 그러지 않으면 계속 모르는 사람 사이에 감도는 냉랭한 분위기 속에서 시간을 보내게 된다. 짤막하게라도 인사를 나누면 냉랭한 공기가 한결 부드러워진다.

손뼉 한 번의 법칙

누군가를 처음 만나 마주 본 아주 짧은 순간 첫인상이 결정된다는 이론을 미국의 이미지 컨설턴트는 '손뼉 한 번의 법칙'이라고 불렀다. 짝! 하고 손뼉을 한 번 치는 짧은 순간에 사람의 뇌는 상대방의 인상을 결정짓는다는 것이다. 게다가 그때 사람은 '밝다'와 '어둡다', '느낌이 좋다'와 '느낌이 안 좋다', '부유해 보인다'와 '가난해 보인다', '시원스럽다'와 '답답하다'와 같이 정반대에 있는 인상의 쌍 중에서 어느 한쪽을 순간적으로 선택하게 된다고 한다.

미국의 심리학자 앨버트 메라비언(Albert Mehrabian)이 1971년 제창한 '메라비언의 법칙'에 따르면, 사람의 인상을 결정하는 데는 눈으로 받아들인 정보가 55퍼센트, 귀로 받아들인 정보가 38퍼센트, 말의 내용이 7퍼센트의 비율로 영향을 미친다고 한다. 그러나 순간적으로 인식되는 첫인상은 좋았더라도 대화를 해본 순간 그 사람의 얄팍한 인격이 보였다거나 가치관이 다름을 느끼고 실망하는 경우도 있다. 이럴 경우 첫인상이 좋았을수록 차이가 크게 느껴져 이미지가 큰 폭으로 하락하는 결과를 낳는다.

그에 비해 첫인상은 평범했더라도 이야기를 나누어 보니 '생각보다 훨씬 멋진 사람이다', '의외로 멋진 구석이 있네' 같은 느낌을 받았다면 그 사람은 최초의 평가가 낮았던 만큼 다음번에는 급격히 높은 평가를 받게 된다.

이런 현상을 나는 '두 번째 인상'이라고 이름 붙였다. 첫인상이 시각정보에 의해 지배되는 데 반해, 그다음 단계인 두 번째 인상은 시각, 청각, 말의 내용이 종합적으로 영향을 미쳐 구성된 인상이라고 정의할 수 있다.

첫인상보다 두 번째 인상이 더 좋은 쪽이 훨씬 이득이 되는 경우가 많다. 오랫동안 승무원 일에 종사하다 보면 두 번째 인상으로 그 사람의 숨은 본성을 파악하는 데 익숙해진다. 첫인상은 별로였지만 두 번째 인상이 좋다면 '의외로 좋은 사람이네'라고 생각하게 된다. 좋은 의미에서 예측이 어긋난 셈이다.

그러나 첫인상이 안 좋았는데 두 번째 인상까지 나쁘다면 나중에 아무리 만회하려고 해도 회복할 방법이 없이 '인상이 나쁜 사람'이라는 꼬리표를 계속 붙이고 있게 된다. '첫인상도 그랬지만, 알고 보니 역시 신용할 수 없는 사람이었다'라고 나쁜 이미지가 더욱 강조되고 만다.

두 번째 인상이 좋은 사람에게서는 배울 점이 많다. 설령 처음 만났을 때는 우연히 기회가 맞아떨어져 좋은 첫인상을 줄 수 있었다고 하더라도, 두 번째 인상에까지 그런 요행수를 바랄 수는 없다. 첫인상의 허들을 뛰어넘어 상대방에게 첫인상 못지않게 호감이 가는 두 번째 인상을 안겨줄 수 있을지는 어떻게 처신하느냐에 달려 있다.

퍼스트클래스의 승객을 통해 배우게 된 두 번째 인상을 좋게 만드는 비결이 있다. 이는 첫인상은 물론 두 번째 인상까지 좋은 사람들에게 공통적으로 나타나는 비결이기도 하다.

첫째는 자세, 둘째는 얼굴, 셋째는 목소리, 이 세 가지다.

앞서 언급한 '메라비언의 법칙'에 의하면, 처음 만난 사람을 판단할 때 그 사람이 하는 말의 내용은 고작 7퍼센트밖에 영향을 미치지 못한다. 그러니 어떤 이야기를 할지를 고민하는 것 이상으로 자세와 표정, 복장과 같은 외견, 즉 비주얼에도 중점을 두어야 한다. 목소리에 대해서는 앞장에서 설명했으므로 여기에서는 퍼스트클래스 승객들이 자세와 표정에 어떻게 신경을 쓰는지 구체적으로 살펴보겠다.

"성공한 사람들은
자세가 달라"

이미 알고 있는 사람도 있겠지만, 비행기 탑승권은 이코노미석, 비즈니스석, 퍼스트클래스석에 따라 각기 다른 색으로 구분된다. 따라서 비행기에 탑승할 때 승객이 손에 든 탑승권을 보면 어느 좌석의 승객인지를 한눈에 알 수 있다.

문 옆에 서서 승객을 맞이하는 승무원은 승객의 얼굴을 보고 미소를 지으면서 동시에 어느 좌석의 승객인지 손에 들고 있는 탑승권을 빠르게 눈으로 훑는다. 기회가 있으면 문 옆에 선 승무원의 눈의 움직임을 살펴보기 바란다. 눈동자가 눈 속에서 저렇게 바삐 움직이는구나 하고 놀랄 정도로 눈의 끝에서 끝까지 끊임없이 움직이는 것을 볼 수 있다.

그런데 어느 정도 승무원 경력이 쌓이면 탑승권을 보지 않고도 저 멀리서부터 걸어오는 자세만 봐도 퍼스트클래스의 승객을 대부분 구분해낼 수 있다. 초보 시절, 선배들의 눈썰미를 부러워하며 가르쳐달라고 조르곤 했다. 그럴 때 선배들의 대답은 이랬다.

"성공한 사람들은 자세가 달라."

퍼스트클래스의 승객은 일단 자세가 바르다. 그리고 시선의 각도가 높은 것이 특징이다. 고개를 숙이면 시선도 따라서 낮아진다. 행동거지가 당당한 사람은 정면을 똑바로 바라보기 때문에 시선의 각도도 자연히 높아진다. 그리고 바로 눈앞만을 보는 것이 아니라 먼 곳까지 내다보는 시선을 갖고 있다. 자세에서는 그 사람의 자신감이 드러난다. 자세가 좋은 사람은 범접지 못할 당당한 분위기를 풍긴다.

올바른 자세를 유지하는 데 가장 중요한 점은 배꼽 아래에 있는 단전과 정수리에 있는 백회(百會)다. 백회는 머리 가마 부근에 있다. 좋은 자세를 취하려면 우선 단전에 힘을 넣는다. 그리고 백회에 달린 줄을 천장에서 잡아당긴다는 느낌으로 몸을 쭉 펴고 똑바로 선다.

간단해 보이지만 이렇게 똑바로 설 수 있는 사람은 의외로 거의 없다. 벽에 기대보면 내 등이 얼마나 구부러져 있었는지를 알 수 있다. 의식적으로 똑바로 서려고 노력하지 않으면 좋은 자세를 유지할 수 없다.

퍼스트클래스의 승객은 좋은 자세를 유지하려는 노력이 습관화되어 있기 때문에 원래 자세가 좋은 것처럼 느껴진다. 많은 사람들이 일거수일투족을 주목하는 환경에 있다 보니 무의식중에 등을 쭉 펴는 습관이 생긴 듯하다.

키가 크면 상대방보다 우위에 있다는 분위기를 형성할 수 있다. 하지만 키가 작더라도 몸에서 뿜어져 나오는 에너지가 강하면 압도적인 존재감을 드러낼 수 있다.

당당한 자세 때문에 키가 크다는 느낌이 있던 사람이 자리에서 일어선 모습을 보면 의외로 키가 작아서 놀란 경험이 한 번쯤은 있을 것이다. 이런 사람은 몸에서 발산하는 에너지가 강하기 때문에 크게 느껴진다.

'자세'를 한자로 쓰면 姿勢, 즉 모습(姿)의 기세(勢)가 된다. 신체가 내뿜는 에너지란 뜻이다. 성공한 사람치고 등을 웅크리고 있는 사람은 아마 찾아보기 힘들 것이다.

좋은 자세에 행운이 찾아온다

정수리에 있는 백회가 하늘을 보고 있는 상태가 에너지를 받아들이기에 가장 적합한 자세다. 앞으로 기울어도 또는 뒤로 너무 젖혀도 우주에서 받아들이는 에너지가 적어진다고 한다. 등을 쭉 펴고 태양빛을 흡수하자. 식물에게 광합성이 중요하듯이 인간도 등줄기를 똑바로 세우고 태양빛을 흡수하듯이 에너지를 받아들여야 한다.

시선은 위를 보고 입꼬리를 끌어올리면서 미소를 지어서 광대뼈가 볼에서 도드라지게 하면 좋은 기운을 받아들일 수 있다. 태양빛을 쬐고 긍정의 에너지를 흡수해야 한다. 긍정 에너지란 그 사람에게 도움이 되는 것을 뜻한다. 즉 돈, 일에서의 성공, 건강, 애정 등이다.

"머리를 들면 좋은 운이 흘러들어온다는 건 말도 안 돼"라고 생각하는 사람은 자신을 다시 돌아보자. 머리를 푹 수그리고 다니고 있지 않은가? 속는 셈 치고 우선 실천해보기 바란다.

사업을 하다 보면 교섭할 일이 자연히 생기기 마련이다. 그럴 때도 등을 쭉 펴고 자신만만한 태도로 이야기하자. 상대방이 느끼는 설득력이 달라진다. 자세 하나 바꾼다고 뭐가 그리

달라질까 싶겠지만, 실천해보면 자세의 중요성을 새삼 깨닫게
될 것이다.

　일에서 좋은 성과를 내다 보면 자기도 모르는 사이에 자세
도 좋아지는 것인지, 아니면 의식해서 올바른 자세를 취함으
로써 성공으로 가는 길이 열렸는지는 알 수 없다. 닭이 먼저
인지 달걀이 먼저인지를 따지는 것이나 마찬가지다.

　하지만 성공을 일구어낸 사람들이 대부분 좋은 자세를 갖
고 있는 것은 사실이다. 지금까지 내가 어떤 자세로 생활하고
있는지를 의식해본 적이 없는 사람이라면 평소에도 좋은 자
세를 유지하도록 신경 쓸 필요가 있다. 생각날 때마다 거울에
전신을 비춰보고 자신의 자세를 점검해보자.

승무원의 자세를
배워라

비행을 한 번 할 때마다 승무원은 500여 명의 얼굴을 보게 된다. 간단히 계산해보아도 나는 총 285만 6,000명이나 되는 사람의 얼굴을 봐왔다는 뜻이다. 줄을 지어 비행기에 탑승하는 승객들의 모습을 보고 있으면 단순히 지금 기분이 좋은지 나쁜지를 떠나서 지금 자신의 모습에 만족하고 있는지를 알 수 있다.

다음 항목을 유념하면 서 있기만 해도 에너지가 충만해 보일 수 있다. 항공사 교육을 받은 사람이라면 누구나 자세가 바르다. 훈련의 산물이다. 등줄기를 꼿꼿하게 세우면 전체적인 인상이 달라진다.

아무리 예뻐도, 아무리 멋지게 차려입어도 자세가 구부정하면 자신감이 없어 보이고 인상도 좋아지지 않는다. 항공사 승무원은 고객에게 호감을 주고 건강한 이미지를 보여주기 위해 고안된 자세를 오랜 시간 철저하게 배운다. 수천 번 이상 반복하면서 자세를 익힌다. 그 자세는 다음과 같다.

1. 얼굴은 정면을 보고, 턱은 올리지도 내리지도 않는다(정수리를 실로 잡아당긴다는 느낌이 들어야 한다).
2. 양 어깨에서 힘을 뺀다.
3. 배를 집어넣는다.
4. 엉덩이에 힘을 준다.
5. 등을 쭉 편다.
6. 견갑골(날개뼈)이 서로 가까워지도록 잡아당긴다.
7. 단전에 힘을 준다.
8. 무릎을 펴고, 양발을 붙이고, 발끝은 약간 벌린다.
9. 체중은 좌우 균등하게 엄지발가락 뿌리 쪽에 싣는다.
10. 옆선(귀-어깨-허리-복사뼈)이 일직선상에 오도록 한다.

서비스업에서 발뒤꿈치와 발끝, 손의 위치에 신경을 쓰듯이 에너지 넘치는 자세를 취하려면 몸의 축이 제대로 서 있는지가 중요하다. 축이 앞으로 쏠리지는 않았는지, 왼쪽이나 오른쪽으로 기울지는 않았는지 점검해보자. 두툼한 책 한 권을 머리에 얹어보자. 가만히 있는데도 책이 떨어진다면 어딘가에서 에너지가 새어나가고 있을 가능성이 있다.

전신 거울 앞에서 이 자세를 연습해보자. 다른 사람과 올바른 자세를 취하고 있는지 서로 확인하면 좋다. 벽에 붙어 서보면 자신의 등이 얼마나 굽었는지를 혼자서도 확인할 수 있다. 손의 위치도 중요하다. 사용하지 않을 때는 오른손을 감춘다. 오른손은 '공격의 손'으로 여겨지기 때문이다. 왼손으로 오른손을 감춤으로써 '당신을 공격하지 않는다'는 의미를 전달할 수 있다.

걸음걸이에 따라 마음가짐이 달라진다

등을 곧게 펴고 반듯하게 걷는 사람을 보면 시원시원한 기분이 든다. 그렇게 걷는 본인은 더욱 기분이 좋을 것이다. 바른 자세로 걸으면 기분도 밝아지고 긍정적이 된다. 그리고 만나는 상대방에게도 밝고 긍정적인 인상을 줄 수 있다.

상반신은 가능한 한 움직이지 않으면서 다리 안쪽을 스치듯이 걸으면 영감이 떠오른다. 등을 쭉 펴고 걸을 때 에너지를 가장 많이 흡수할 수 있다. 에너지가 충만해지면 사고방식도 긍정적이 되므로 새로운 아이디어와 좋은 기획안이 꼬리를 물고 떠오를 것이다.

올바른 자세로 걸으려면 발에 잘 맞는 신발을 신어야 한다. 신발은 사기 전에 신어보고 걸을 때 발뒤꿈치가 헐떡이지는 않는지 꼭 확인한다. 신발을 신고 섰을 때 발끝에 1~1.5센티미터 정도 여유가 있어야 한다. 의자에 앉아서만 신어볼 것이 아니라 스무 걸음 정도 걸어보고 발에 잘 맞는지를 확인해야 올바른 사이즈를 고를 수 있다.

매력적인 사람이 되는
외모 관리법

퍼스트클래스에 탑승한다는 사실은 예나 지금이나 성공의 증표나 다름없다. 퍼스트클래스의 승객을 지켜보면서 성공한 사람에게는 공통적으로 나타나는 관상이 있다는 사실을 인식하게 되었다. 일단 성공한 사람 중에 얼굴빛이 좋지 않은 사람은 없다. 내가 느낀 성공한 사람의 관상은 아래와 같다.

- 두 눈의 크기가 같고 눈동자가 빛난다.
- 얼굴빛이 좋고 얼굴 전체에 윤기가 흐른다.
- 얼굴에서 솟아오른 부분인 뺨, 코, 턱의 윤곽이 분명하고 콧방울이 튀어나왔다.

내가 본받고자 하는 경영자들은 얼굴에도 자신감이 나타나 있다. 빈손으로 시작해 이만큼 성공을 거두었다는 자부심이 드러나는 것이다. 에너지가 가득하고 생명력이 넘치는 얼굴이다. 그런 사람의 주위에는 저절로 사람들이 모여든다. 그 사람이 곧 회사의 얼굴이며 그 사람의 매력이 그 회사의 매력을 대표한다. 인격과 인품은 겉모습에까지 스며나오는 법이다.

어떻게 하면 생기 있고 자신감 넘치는 표정을 내 것으로 만들 수 있을까? 성공한 사람의 관상을 만드는 주요 부위와 관리할 때의 주의점을 소개하겠다.

미간

자신에 대한 만족도는 미간을 보면 알 수 있다. 미간은 유쾌하거나 또는 불쾌한 감정이 드러나는 장소다. 또 미간은 위장의 거울이라고도 불린다. 기분 나쁜 일이 있으면 미간을 찌푸리게 되는데, 스트레스를 받을 때마다 이마와 함께 위장에도 주름이 잡혀 욱신욱신 쓰려오기 시작하는지도 모른다.

또 미간 안쪽으로는 뇌하수체가 위치한다. 뇌하수체는 신경호르몬이 분비되는 장소다. 관상학에서는 '제3의 눈'이라고 불리기도 하며 '영적인 능력이 모이는 곳'이라고 여겨지기도 한다. 부처의 미간에는 백호(白毫)라고 불리는 털이 있어서 빛을 발한다고 하는 일화가 남아 있을 정도로 신비로운 곳이다.

　따라서 미간을 찌푸리지 않는 것이 중요하다. 미간에 주름이 잘 생기는 사람은 크림이나 오일을 발라 마사지를 하는 등 피부를 부드럽고 청결하게 유지하는 것이 좋다.

코

관상학에서는 코를 통해 돈의 흐름을 본다. 모든 행복과 좋은 기운은 유쾌하거나 불쾌한 감정을 나타내는 미간을 통해 들어온다고 한다. 돈 역시 그중의 하나다.

　미간을 통해 안으로 들어간 것은 콧대를 지나 콧방울에 쌓인다. 여기를 '금갑(金甲)'이라고 부르는데, 말하자면 금고 즉 저금통장이다. 콧방울이 튀어나온 사람은 돈이 모이기 쉬운 사람이다. 돈의 흐름이 분명하게 드러나는 편이 좋으므로 콧대가 가늘고 긴 사람보다 굵고 묵직한 사람이 금전 운이 좋다고 한다. 여성의 입장에서는 가늘고 날렵한 콧대가 뻗어 있는 작은 코가 이상적이겠지만, 금전 면에서는 정반대인 셈이다.

　예뻐 보이기 위해 콧방울 축소 수술을 해서 코를 작아 보이게 하는 사람도 많은데, 금전 운 관점에서는 콧방울 축소 수

술은 안 한 것만 못한 일이다. 저금통장에 모인 돈(즉 일상의 지출)은 인중을 지나 코 아래에 파여 있는 입으로 흘러들어간다고 한다. 인생은 일상을 쌓아온 결과이므로 관상학에서는 코와 입을 지나는 얼굴의 중심선(정중선이라고 한다)을 가장 중요하게 취급한다.

코는 하얗게 빛나면서 반짝거릴 정도로 기름이 도는 정도가 딱 좋다. 이나리(稻荷) 신사에 있는 여우를 보면 코가 하얗게 칠해져 있는 것을 알 수 있는데, 하얀 코는 예로부터 운수대통을 기원하는 의미가 있다고 한다.

관상학의 관점에서는 반질반질할 정도로 기름진 코가 가장 좋다고 한다. 코에서 나오는 분비물이나 코에 있는 얼룩, 코의 비뚤어짐은 악운을 불러온다고 한다. 코는 항상 청결을 유지하도록 하자. 이와 같이 일상적인 돈의 흐름은 코에 나타나지만, 복권이나 주식 배당금 같은 일회성 돈의 흐름은 눈썹 위에 나타난다.

눈

눈은 마음의 창문으로 비유되듯이 눈에는 모든 것이 반영된다. 눈에 힘이 있는 사람은 견실하고 지향하는 바가 있으며 앞으로 나아가는 추진력이 있다는 인상을 준다. 다른 사람의 이야기를 들을 때 눈을 빛내는 것은 그 사람이나 이야기의 내용에 흥미가 있다는 증거다. 동공은 어두운 장소에서 확장되는데, 보고 듣고 있는 일에 흥미가 있을 때도 커진다.

반대로 '넋 나간 눈', '상한 생선 같은 눈'이라는 말이 있는 것처럼 생기가 없는 눈은 그 사람이 살아갈 기력을 잃었음을 뜻한다. 그만큼 눈은 얼굴 표정에서 가장 중요한 역할을 하는 부분이다. 이상적인 눈은 좌우 양쪽 눈의 크기가 같고 균형이 잡혀 있는 것이다. 그리고 눈동자가 빛나고 흰자위가 탁하지 않아야 한다.

어떻게 하면 이상적인 눈을 가질 수 있을까? 우선 매일 의욕적으로 일하고 충실한 생활을 해야 한다. 일에서 느끼는 보람과 충족감이 눈을 빛나게 한다. 즉, 마음 상태가 눈에 집약된다고 할 수 있다. 눈을 어떻게 바꿔보려고 애쓰기보다 충실한 생활을 하는 것이 우선이다. 그 결과 눈이 반짝반짝 빛난다는 인상을 주위 사람에게 줄 수 있다. 이 인상이 중요하다.

검은자위는 큰 쪽이 좋은 기운을 끌어 모은다. 큰 눈동자는 더 빛나 보이므로 눈이 반짝반짝거리면 다른 사람의 이야기를 흥미롭게 듣는다는 인상을 주고, 그로 인해 신뢰를 얻을 수 있게 된다. 개가 사랑스러운 인상인 것은 눈을 가득 채운 검은자위 때문이다. 마음의 상태를 거짓 없이 드러내는 유일한 부분이 눈이다. 그러니 "눈을 보면 그 사람을 알 수 있다"는 말도 일리가 있다.

회사원에게 컴퓨터는 일을 할 때 꼭 필요한 도구다. 하지만 같은 자세, 같은 얼굴로 손가락만 움직이고 있다 보면 눈이 피로해진다. 피로를 풀려면 가끔씩 화면에서 눈을 떼고 눈동자를 상하좌우로 움직이자. 또 눈동자와 함께 목을 움직이면서 멀리 있는 건물이나 풍경을 바라보자. 항상 같은 자세로, 같은 방향만을 바라보고 시선이 고정되면 얼굴이 가면처럼 굳어서 생생한 표정을 지을 수 없다.

입꼬리

최신 연구에 의하면 입꼬리를 올리는 것만으로도 뇌에 '유쾌하다'는 신호를 보낼 수 있다고 한다. 사람의 감정은 매우 사소한 일로도 불쾌하게 변한다. 매우 쉽게 불쾌한 상태에 빠지는 것이다. 예를 들면 입에 발린 말을 듣거나 내 탓이 아닌 일로 비난을 받거나 잔인한 뉴스를 보거나 할 때 사람은 불쾌감을 느낀다. 그러나 우리의 일상은 그런 환경으로 둘러싸여 있는 것이 현실이다.

그렇기 때문에 더더욱 입꼬리를 올리는 것으로 하루를 시작해야 한다. 아침에 일어나면 내 입꼬리가 올라갔는지를 거울로 확인하자. 또 회사 책상 위에도 거울을 두고 피곤을 느낄 때 의식적으로 입꼬리를 올려보자.

이

이를 의식하면 입 주위의 근육에도 영향을 미쳐 좋은 관상에 가까워질 수 있다. 이가 깨끗하면 웃는 얼굴에 자신이 생기고 상대방도 나에 대해 청결하고 좋은 인상을 갖게 된다.

일본에서는 다른 선진국과 비교해 이를 중요하게 생각하지 않는 경향이 있다. 기내에서도 보면 음식을 먹고 나서 바로 이를 닦는 습관이 없는 승객이 있었다. 치열 교정도 늦게서야 대중화되었다. 이를 잘 관리하는 것은 좋은 얼굴을 만드는 첫걸음이다.

보고 씹고 맛본다

먹는다는 것은 단순히 영양 섭취의 의미만이 있는 것이 아니라 음식물을 씹어서 삼킨다는 의미도 있다. 음식을 씹을 때 얼굴 근육을 사용하므로 꼭꼭 씹어 먹는 습관을 들이면 얼굴이 팽팽해진다. 또 음식을 씹을 때면 타액이 분비되므로 소화가 잘 되고 뇌도 활성화된다.

텔레비전을 보면서 한 손으로 턱을 괴고 음식을 먹기보다는 다른 사람들과 함께 어울려 즐겁게 식사하는 것이 중요하다. 접시 위에 놓인 고운 색깔의 음식을 보면서 손으로 만지고 향기를 즐기고 맛을 음미하며 먹자. 오감을 모두 사용하여 먹는 것을 즐기면 표정도 한층 다채로워진다.

상대방을 보면서 이야기한다

얼굴은 많은 정보를 쏟아낸다. 우리는 '기분이 나빠 보인다', '기뻐 보인다', '슬퍼 보인다', '까다로워 보인다' 등 상대방의 표정, 즉 얼굴로부터 많은 정보를 읽어낸다. 승무원은 승객의 표정을 보면서 아픈 사람은 없는지, 기분이 나빠 보이는 사람은 없는지 건강과 심리 상태를 살피기 때문에 표정을 관찰하는 데는 전문가다.

그러나 요즘은 상대방 얼굴을 보지 않고 이야기하는 사람이 늘어나고 있다. 상대방이 발신하는 정보를 보지 않고 기계적으로 서류상으로만 일을 진행하는 것은 상세한 데이터를 보지 않고 전략을 세우는 것이나 마찬가지다.

상대방 얼굴을 보고 이야기하면 상대방도 나를 본다. 상대방 표정에 이끌려 이쪽도 풍부한 표정이 우러난다. 또한 그 반대로 나의 다양한 표정에 이끌려 상대방 표정이 평온해지는 경우도 있을 수 있다. 서로 상대방을 보고 이야기하는 태도는 다채로운 표정을 짓게 해준다.

귀를 기울인다

커뮤니케이션은 '듣고', '말하는' 것의 반복이다. 말을 주고받으면서 서로 의사를 전달하고 상대방이 얼마나 이해하고 있는지를 확인하면서 마음을 소통한다.

말을 하려면 우선 잘 들어야 한다. 집중해서 듣는 것을 '귀를 기울인다'고 표현하는데, 이 표현은 실제로도 맞는 말이다. 귀 주위에는 발 안쪽과 마찬가지로 많은 혈이 집중되어 있다. 상대방 이야기를 집중해서 들음으로써 집중력이 높아지고, 이해가 빨라진다. 때로는 다른 사람의 말을 통해 감동을 느끼기도 한다. 그 결과 듣는 것만으로도 표정이 풍부해진다.

또 의외로 귀는 쉽게 남들 눈에 띄는 부위다. 목욕을 할 때 귀도 깨끗하게 닦도록 하자.

사람들과 자주 만난다

옷차림이나 자신의 표정을 의식하는 사람은 그만큼 표정도 풍부하다. 상대방 표정에 반응하여 마음이 움직이고 그 기분의 변화가 표정에도 나타나기 때문이다. 항상 생동감 있는 표정을 짓고 싶다면 사람을 자주 만나도록 하자.

또한 사람을 대할 때의 긴장감을 잊지 않는 것도 중요하다. 처음 만나는 사람이나 대하기가 어려운 사람과 이야기할 기회를 만드는 것도 표정에 긴장감을 부여한다.

수면

수면과 뇌, 얼굴 표정은 서로 깊은 관계가 있다. 뇌는 몸 전체의 20퍼센트에 달하는 에너지를 소비한다고 한다. 계속 일만 하고 있다 보면 뇌신경은 과열 상태가 된다. 독자 여러분도 겪어본 적이 있을 것이다. 사람은 피곤할 때 뚜렷하게 얼굴 표정에 드러난다. 일이 쌓여 있으면 마음이 조급해진다. 얼른 일을 해치우고 싶은 기분은 이해하지만 수면도 나에게 주어진 중요한 일이라고 생각하자. 숙면을 취해서 피로가 풀리면 머리가 맑아지고 표정도 밝아진다.

퍼스트클래스 천태만상

경제 호황기의 풍경

일본 전체가 버블 경제로 들떠 있었던 시기에는 퍼스트클래스에서
도 지금은 상상하기도 힘든 일이 매우 일상적으로 일어나고 있었
다. 어마어마한 가격의 최고급 샴페인 돔 페리뇽을 수도 없이 땄던
것도 그중 하나다. 도대체 몇 병인지 기억하지 못할 정도였다.

그렇지만 샴페인 한 병을 다 마시는 승객은 드물어서, 그만큼 남
는 양도 많았다. 뚜껑을 딴 와인이나 샴페인은 비행기가 도착하기
전에 폐기해야 했기 때문에 우리 승무원들은 기내 조리실에서 "샴
페인으로 손을 씻으면 손이 보들보들해진대" 하는 대화를 주고받으
며 근거 없는 미용법을 실행에 옮기곤 했다.

이런 호황과 맞물려 항공사도 퍼스트클래스에 실험적인 서비스
를 도입하는 시도를 자주 했다. 그중에서 초밥 서비스라는 것이 있
었다. 초밥 장인이 비즈니스석이나 이코노미석에 타고 대기하고 있
다가 식사 시간이 되면 옷을 갈아입고 초밥 요리사 복장으로 변신
해 퍼스트클래스에서 방금 만든 맛있는 초밥을 제공하는 서비스였
다. 퍼스트클래스에서 그런 서비스를 한다는 사실을 눈치챈 다른
좌석의 승객들이 일제히 눈이 휘둥그레져서 그 모습을 바라보았다.

어느 날 비행에서는 이런 일도 있었다. 연예인 출신 사업가인 어
떤 승객이 다른 사람의 시선을 피하기 위해 퍼스트클래스 좌석 전
부를 구입했다. 퍼스트클래스를 혼자서 전세 낸 셈이다. 그 승객은

여자 친구와 함께 탑승했기 때문에 퍼스트클래스는 완전히 둘만의 공간이었다. 넓은 좌석이 그렇게 많이 비어 있는데도 둘이서 한 좌석에 같이 앉아 있었던 것이 기억에 남는다. 이렇게 화려한 공중 데이트를 즐기는 데는 대체 얼마가 들었을까?

제5장

스튜어디스에게 배워라

승무원은 왜
남자들에게 인기가 많을까?

성공한 남자들 중에는 항공사 승무원과 결혼한 사람들이 많다. 왜 그럴까? 단순히 승무원들이 예쁘고 날씬하기 때문일까? 성공한 남자들이 승무원을 선호하는 데는 그만한 이유가 있다. 승무원 자체가 성공한 남자들의 관심을 받도록 철저하게 훈련받기 때문이다.

채용시험에 합격하면 입사 후 승무원 교육을 받게 된다. 하루 종일 교육센터에 갇혀 지내면서 다양한 분야에서 집중적인 교육을 받아야 한다. 교육 기간은 2개월 정도로 매일 강도 높은 훈련과 테스트가 이어진다. 마음가짐, 말씨, 행동거지, 식사 예절, 시사 상식, 메이크업, 영어 그리고 가장 중요한 긴

급상황 시의 대응까지 교관에게 철저하게 훈련을 받는다.

여유를 누릴 수 있었던 학생 때와는 180도 다른 세계다. 승무원은 아름다움에 지성과 예절까지 겸비할 수 있도록 철저하게 훈련을 받는다. 우아해 보이는 동작이나 '내가 좋은 서비스를 받고 있구나' 하는 세련된 말솜씨, 미인으로 보이게 하는 분위기까지 모두 훈련의 산물이다. 그리고 실무에 투입돼서도 오랜 비행을 한 후 경험을 쌓은 뒤에야 비로소 퍼스트클래스 서비스를 맡게 된다.

항공사가 지향하는 승무원의 이미지는 성공한 남자들의 눈높이에 맞춰 설계된다. 즉, 승무원이 교육을 통해 만들어내는 이미지는 성공한 남자들이 선호하는 스타일을 농축시켜 놓은 것이나 다름이 없다. 각 나라 항공사별로 선호하는 여성의 모습은 다르기 때문에 항공사별 승무원의 복장 규정이나 선호하는 이미지는 조금씩 다르다. 하지만 승무원의 모습은 그 나라 사람들이 선호하는 이미지의 표본이라고 생각하면 좋을 것이다.

성공한 남자들이 선호하는 이미지는 일반 여성들이 생각하는 화려하거나 섹시한 이미지와 차이가 있다. 승무원 이미지의 핵심은 바로 '청결, 고급, 단순'이다. 헤어스타일과 옷차림은 깔끔하면서도 고상해야 한다. 머리가 흩날리면 단정하지 못한 느낌이 든다. 치렁치렁한 머리카락은 불결한 인상을 주기 때문에 대부분 머리를 묶어 올린 업스타일이나 단발 같은 짧은 머리만 할 수 있도록 규정을 두고 있다. 또한 동양 항공사의 경우 머리카락을 밝게 염색하는 것은 금하고 있다. 머리카락이 밝으면 고급스럽지 못하다고 생각하기 때문이다. 그러면서 언행과 품행에 고급스러움이 묻어나야 한다. 그래서 승무원 교육을 받는 여성들은 대부분 자신의 행동을 녹화하여 코치를 받는 경우가 많다.

교육 기간에는 아직 제몫을 하지 못하는 미숙한 존재로 취급받았다. 일례로 교육생들은 엘리베이터도 타지 못했다. 아직 한 사람 몫을 해내지 못하기 때문이라는 이유에서였다. 어떤 날은 지각 직전의 다급한 상황에서 다른 직원 틈에 섞여서 엘리베이터에 탔다가 교관의 눈에 띄어 다음 층에서 내려야 했던 적도 있다. 교육센터 관계자만이 아니라 다른 부서 사람들도 뒤섞여 있어서 발각되지 않을 거라고 생각하고 몰래 엘리베이터에 탄 적도 있는데, 교육센터에 도착하자마자 교관에게 "미즈키 씨, 오늘 아침 엘리베이터에 타고 있었지요?" 하고 지적을 당하기도 했다.

수업 중에는 의자의 등받이에 기대는 것도 금지되어 있었다. 등받이에 기대 있는 것을 들키면 즉시 교관으로부터 날카롭게 지적을 받거나 때로는 펜이 날아오기도 했다. 수업이 끝나서 기지개를 켜기라도 하면 또 복도에서 지켜보고 있던 교관에게 행동거지를 조심하라는 지적을 받았다. 결국 마음에 쌓이는 스트레스는 화장실에 가서 몰래 소리를 지르는 것으로 해소하곤 했다.

그런 나날을 보내다가 훈련이 끝날 때가 가까워지면 항공사 유니폼이 배부된다. 유니폼을 입은 순간 엉엉 울었던 것을 지금도 선명하게 기억하고 있다. 그 순간 지금까지 쌓였던 서러움은 온데간데없이 사라지고 감동만이 남아 가슴을 메웠다.

클레임은 신뢰의 증거

나는 클레임이란 고객이 보내는 신뢰의 증거라고 생각한다. 미래에 대한 가치를 찾아내는 귀중한 보물 같은 존재이기도 하다. 사실 사람은 귀찮은 일이 생기면 모르는 척하고 그냥 지나치고 싶어진다. 실제로 그렇게 행동하는 사람이 대부분이다. 그런데 클레임을 제기하는 승객은 일부러 귀찮은 길을 선택해 의견을 들려주려고 한다. 그렇게 하는 이유는 우리 회사에 그만큼 애정을 갖고 있기 때문일 것이다.

물론 불만 없는 완벽한 서비스가 이루어지는 것이 가장 좋은 것은 말할 필요도 없다. 하지만 클레임은 곧 신뢰의 증거라고 생각한다면 실제 비즈니스에서 고객의 항의에 맞닥뜨렸을 때도 의연한 태도로 대응할 수 있을 것이다.

내가 클레임을 싫어하지 않는 것은 승객과 더 가까워지는 계기가 되기 때문이다. 예를 들면 다음과 같은 항의를 받았다고 하자.

"여기 기내식은 왜 이렇게 맛이 없어요? 당신도 어디어디 항공을 좀 타보세요. 거기는 기내식도 정말 맛있고 승무원도 진짜 친절하던데. 어떻게 기내식을 이렇게 맛없게 만들 수가 있지요?"

이코노미석이나 비즈니스석에서 제공하는 기내식은 출발하기 몇 시간 전에 만들어야 하기 때문에 갓 만든 음식의 맛을 낼 수는 없다. 게다가 기내는 매우 건조해서 축축한 물수건도 5분만 지나면 금세 말라버릴 정도다. 그 때문에 기내식은 맛보다는 신선도를 유지하고 잘 상하지 않아야 한다는 두 가지 목적에 초점을 맞추어 제조하게 된다. 승무원도 기내식이 지상에서 먹는 식사보다 맛이 떨어진다는 사실을 익히 알고 있다.

하지만 그것을 인정하고 "승객 말씀이 맞습니다. 기내식은 맛이 없어요" 하고 대답할 수는 없는 노릇이다.

그럴 때 나는 "감사합니다. 승객께서 말씀하신 귀중한 의견을 회사에 전달해 서비스에 반영하도록 하겠습니다. 자세한 내용을 여쭤보고 싶은데 잠시 시간 괜찮으십니까?" 이렇게 대답하고 고객의 의견을 청취하는 시간을 갖는다.

이렇게 시작된 대화는 어느새 승객의 여행 이야기로 옮겨간다. 눈 덮인 알프스에 오르고 카프리섬에서 푸른 바다를 즐긴 뒤 리우 카니발에서 춤을 추기까지, 승객이 체험한 즐거운 이야기가 끊임없이 쏟아져 나왔다. 조금 전까지의 긴장된 국면에서 벗어나 친근한 대화가 이어지는 것이다.

클레임을 피하려고만 해서는 안 된다. 중요한 것은 상대방의 마음을 읽고 이야기에 귀를 기울일 줄 아는 태도다. 내가 마음을 열고 다가가면 불만을 터뜨렸던 승객과 오히려 더 가까워질 수 있고, 분노를 잠재우고 신뢰를 회복할 수 있다. 이런 자세는 비즈니스 일반에서도 얼마든지 적용할 수 있을 것이다.

인사가 만드는
초두효과

승무원은 끊임없이 승객의 시선을 받으며 일한다. 승무원은 유니폼과 머리 모양 같은 겉모습도 인격의 일부라는 교육을 받는다. 비즈니스를 하는 사람이라면 차림새의 중요성을 익히 알고 있을 것이다. 복장이나 머리 모양에서도 그 사람의 정신 상태가 드러나기 때문에 외모는 절대 무시할 수 없는 요소다.

  승객이 승무원의 모습을 보고 "오늘은 단정하고 지성적이고 예의바른 승무원 덕분에 비행시간 내내 기분이 좋았어요. 활기차게 일하는 모습을 보니 나까지 젊어지는 기분이 들더군요. '나도 내일부터 다시 열심히 일해야지' 하고 생각했답니다"

라고 칭찬의 말을 남겨줄 때면 하늘을 날 것같이 기뻤다. 일일이 말로 설명하지 않고도 우리의 마음이 전해졌기 때문이다.

여담이지만, 승무원은 서비스 요원이면서 동시에 보안 요원이기도 하다. 승무원이라고 하면 단정한 외모와 친절한 태도만 떠올리기 쉽지만, 승객의 안전을 지키는 자세야말로 가장 중요한 자질이다.

승무원 사이에서는 인사만 잘해도 만사형통이라는 말이 있다. 승객에게는 물론이고 선배와 직장 상사, 동료, 이웃 사람 등 만나는 모든 사람에게 먼저 인사하는 것을 잊지 않고 꾸준히 하면 높은 호감도를 유지할 수 있다는 의미다.

인사는 사람이 처음 만나는 순간 주고받기 때문에 첫인상으로 남아 오래 기억된다. 누군가를 처음 만났을 때, 첫인상이 나중에까지 큰 영향을 준다는 심리효과를 심리학에서는 초두효과(Primacy Effect)라고 한다. 반대로 마지막에 제시된 것이 인상적으로 오래 기억에 남는 효과를 최신효과(Recency Effect)라고 한다.

영화가 끝나고 엔딩 크레디트가 올라갈 때 보면 제일 첫 줄에 주연 배우가, 마지막 줄에는 특별 출연 배우의 이름이 올라간다. 처음과 마지막이 가장 눈에 띄는 장소이기 때문에 중요한 인물의 이름이 위치하는 것이다. 상대방에게 좋은 인상을 주고 싶다면 만나자마자 큰 목소리로 기운차게 인사를 하자.

　이와 같이 승무원은 상대방과의 거리감을 줄이고 친근감을 주는 태도를 취하도록 항상 신경을 쓴다. 자신에게 먼저 관심을 보이고 다가서려고 하는 후배를 괴롭힐 사람은 없다. 직장에서의 인간관계 때문에 고민이 되는 사람이 있다면 먼저 인사하기를 꼭 실천하기 바란다.

비즈니스는
동중정(動中靜)의 연속

퍼스트클래스에서 식사 서비스를 할 때 전에는 카트에 실어서 모든 승객에게 한꺼번에 식사를 내갔지만, 현재는 승객 한분 한 분의 속도에 맞춰 요리를 하나씩 가져가도록 하고 있다. 그래서 한 번으로 끝나지 않는다. 더 높은 고객 만족도를 추구하기 위해 고객 맞춤형 서비스를 제공하고 있는 것이다.

개별 대응을 하려면 승객의 상황을 세심하게 살펴 마음을 읽어내는 태도가 중요하다. 승객의 표정을 보면서 유연하게 대응해야 하는 것이다.

한편 빠른 속도도 필요하다. 짧은 시간 안에 높은 품질의 서비스를 동시에 제공해야 하기 때문이다. 식사 서비스가 진행되기 직전 기내 조리실은 전쟁터를 방불케 한다. 눈이 핑핑 돌아갈 만한 속도로 식사와 음료를 준비해야 하는 상황이다.

조리실 안에서는 손이 열 개여도 부족한 상황이 펼쳐진다. 머리 높이에 있는 음료 탱크에서 왼손에 든 포트에 커피를 따르면서 오른손으로는 다 먹고 난 접시를 허리 높이에 있는 카트 선반에 수납한다. 다음으로 카트의 문을 오른발로 잡아서 닫으면서 빈 오른손으로 카트 문에 달린 핸들을 올려 열쇠를 잠그고 그 사이에 커피가 포트에 가득 찼는지 확인하면서 음료 탱크의 밸브를 잠근다. 이 모든 행동이 동시다발적으로 진행되고 있는 것이다.

냉장고가 장착되지 않은 항공기에서는 음료나 식사가 상하지 않도록 드라이아이스를 사이에 끼워 넣어 차가운 온도를 유지하는데, 시간을 봐서 드라이아이스가 얼마나 남았는지를 점검하고 부족한 부분에는 보충해야 한다.

승무원 교육을 받을 때는 '드라이아이스를 취급할 때는 전용 장갑을 낀다'고 배웠지만, 실제 상황에서는 그럴 틈이 없어서 맨손으로 작업을 한다. 처음에는 수건이나 신문지로 감싸서 잡는 등 이런저런 방법을 사용하지만, 베테랑이 되면 드라이아이스 정도는 맨손으로 척척 잡게 된다. 세월이 지나면서 얼굴이 두꺼워지는 만큼 손끝의 피부도 함께 두터워지는 모양이다.

조리실 안의 움직임이 동(動)이라면, 승객 앞에서의 몸놀림은 정(靜)이다. 천천히, 우아하고 섬세하게 행동해야 한다. 이렇게 변화가 확실한 움직임 덕분에 승객의 여러 가지 요청에 유연하게 대응할 수 있는지도 모른다. 비즈니스도 이와 마찬가지다. 바쁜 와중에서도 차분한 대응, 즉 움직이는 가운데 고요함을 뜻하는 동중정(動中靜)은 성공하는 사람들의 기본 자세였다. 유연한 대응은 일반적인 비즈니스에 있어서도 중요한 요소다.

승무원 시절 터득한
사람 대하는 방법

시간 관리를 주제로 하는 경영서적에서는 거의 언급되지 않는 듯하지만, 웃는 얼굴로 승객을 대하다 보면 승객이 내 편에 서서 응원자가 되어준다. 언뜻 보기에는 연관이 없어 보이지만, 나를 대신해 책임지고 일을 맡아줄 사람을 찾는 것은 시간 관리에 있어서도 중요한 요소다.

예를 들어 기내에서 한 무리의 중년 여성들이 수다를 떨고 있다면 괴롭고 성가신 문제다. 주위 사람들에 대한 배려는 생각도 하지 않고 왁자지껄 큰소리를 낸다. 그럴 때는 "좀 조용히 해주시겠습니까?" 하고 직접적으로 요청해도 별반 효과가 없다. 오히려 반감을 사서 "여기 승무원은 교육을 제대로 못

받았네" 하는 반응이 돌아올 뿐이다. 그럴 때는 잡지를 가져다드리거나 기내 면세품 카탈로그나 견본품을 보여드려서 대화 주제를 기내에 관한 것으로 전환해야 한다. 그러나 화제가 전환되었다고 해서 소음이 사라지지는 않는다.

그럴 때 가장 효과적인 해결책은 그들의 대화를 주의 깊게 듣고 그 무리의 우두머리 격인 인물을 찾아내 '협력을 의뢰'하는 것이다. 이때 영향력을 발휘해달라고 치켜세우면 더 효과적이다. 협력을 구할 때는 상대방을 올려다보는 위치가 되도록 바닥에 무릎을 꿇는다. '이 사람 왜 이래?' 하는 생각이 들지 않는 정도의 선에서 '당신께 의지하고 있으니 부디 도와주세요'라는 느낌으로 부탁을 하는 것이다.

우두머리의 자질을 가진 사람에게 공통적으로 나타나는 부탁을 받으면 마음이 약해지는 기질과 상황을 주도하고 싶어 하는 심리를 자극하면 본래 승무원이 해야 할 일인 '기내의 소음을 없애는 일'을 대신하게 된다. 이 방식을 사용해 나 대신 일을 해줄 사람을 찾으면 자기 자신의 시간 관리가 용이해진다.

승무원 시절의 이런 경험은 지금 하는 일에도 유용하게 활용하고 있다. 일은 혼자서 하는 것처럼 보여도 실은 여러 사람의 손을 거쳐 이루어진다. 이를테면 회계와 재무 관리를 해주는 경리, 스케줄 관리를 해주는 비서, 건물 관리를 해주는 관리인 등 다양한 분야에서 폭넓게 분담이 이루어진다. 이때 중요한 것은 그 각각의 일을 충분히 인정하고 때로는 칭찬과 감사의 말을 전함으로써 가치를 인정하는 것이다.

상사로부터 "고마워요", "덕분에 살았어", "잘해줄 거라고 믿어", "덕분에 일을 잘 끝낼 수 있었어"와 같이 인정하는 말을 들으면 누구라도 기분이 좋아지게 마련이다.

이런 태도를 계속 유지한다면 어느새 굳이 지시를 내리지 않아도 직원은 자발적으로 자기가 할 일을 찾아서 하게 된다. 그뿐 아니라 스스로 책임감을 느끼기 때문에 일솜씨도 점점 좋아진다. 내 힘으로 다 끝내지 못한 일을 다른 사람이 자연스럽게 분담하는 시스템이 완성되는 것이다.

이것을 지속해가는 동안에 "이것 좀 부탁해"라고 하지 않아도 스태프는 자발적으로 해주게 된다. 게다가 스스로 자부심을 느끼기 시작해 점점 일솜씨도 좋아진다. 시간 안에 하지 못할 때는 다른 사람이 업무를 분담하는 시스템이 완성되는 것이다. 하기 싫지만 일이니까 억지로 하는 것이 아니라 '내가 맡아서 하기로 한 이상 이 정도는 해야지'라고 생각하게 되어 일의 완성도까지 높아지는 결과가 나타나는 것이 신기할 따름이다.

힘든 업무,
프로페셔널하게

제한된 시간 안에 여러 가지 일을 하는 데 익숙해져 있다고 앞서 이야기한 바 있지만, 어쩔 수 없이 가끔 짜증이 날 때가 있다.

어느 날은 음료수 서비스를 하는데 계속 갈팡질팡하는 승객이 있었다. 처음에는 오렌지 주스를 달라고 했다가 다른 음료수로 바꿨다가 결국 몇 번이나 번복한 끝에 돌아서서 가려는 순간 다시 불러 세워서 "다시 콜라로 할래요"라고 바꾸는 말을 들으면 어쩔 수 없이 짜증이 나기 시작한다.

그러나 이런 상황에서 '한 번에 좀 시키면 좋을 텐데' 하는 속마음을 드러냈다가는 서비스업의 프로인 나의 패배라고 생각하기 때문에 마음을 가라앉히고 생긋 웃는다.

때로는 승객이 "거기 언니, 신문 좀!"이라고 말을 거는가 하면, 이쪽에서는 "어이, 커피 가져와", 등 뒤에서는 "왜 비행기에서는 외화를 먼저 틀어주는 거야? 난 국내 영화가 보고 싶은데" 하는 짜증스러운 목소리가 날아온다. 음료 서비스를 할 때 잠을 자고 있던 승객이 나중에 "왜 나는 음료수를 안 줘요?" 하며 따지기도 한다.

"승객께서 주무시고 계셔서 깨우지 않았습니다"라고 대답하면 이번에는 호통이 날아온다.

"자긴 누가 자? 난 그냥 눈을 감고 있었던 거라고!"

"대단히 죄송합니다."

이런 대화를 하루 종일 반복한다. 어떤 승객은 승무원을 부를 때 옆에서 앞치마를 잡아당기거나 뒤에서 등이나 팔(최악은 엉덩이나 다리)을 만지기도 한다.

처음에는 그때마다 당황해서 "이러시면 곤란합니다" 하면서 허둥지둥 대응했는데, 승무원이 당황하는 모습을 은근히 즐기는 승객도 있다. 그러는 사이에 연차가 쌓이면서 얼굴이 두꺼워진 덕분인지 나중에는 '어디 만질 테면 만져 봐' 하고 생각하는 배짱이 생겼다.

"저기요!" 하고 등 뒤에서 불러 세우는 승객 정도는 애교다. 그래도 '나는 서비스의 프로, 서비스의 프로'라고 거듭 되뇌며 웃는 얼굴로 승객을 대한다.

이렇듯 승무원에게도 다양한 애로사항이 있다. 독자 여러분이 상상하는 이상으로 육체적으로도 정신적으로도 혹사를 당한다. 그럼에도 훌륭한 승객에게 둘러싸인 공간에서 일하고 싶다. 그리고 그 공간에 어울리는 내가 되고자 노력하는 것이 승무원이다.

승무원이라는 직업을 떠나 현재는 지상에서 펼쳐지는 비즈니스로 무대를 옮겼지만, 승무원 시절에 배운 것이 지금의 나에게 피와 살이 되어 있음은 확실하다. 비행기 안에서 만난 다양한 승객에게 많은 것을 배울 수 있어서 정말로 행복했다.

잘 모르면 물어보라

좌석 업그레이드로 처음 퍼스트클래스에 탑승한 승객에게 나타나는 특징이 있다. 주위를 살피는 것처럼 어딘가 어색하게 눈을 이리저리 굴린다. 자신이 퍼스트클래스를 낯설어한다는 사실을 주위 사람에게 들키지 않으려고 바짝 긴장한 것처럼 보이기도 한다.

좌석 등받이나 발판 조절 버튼, 텔레비전 모니터 조절 버튼을 잘못 누른다든가 이것저것 눌러보다가 원래 상태로 되돌리는 방법을 몰라 허둥지둥 당황하는 모습을 여러 번 목격했다. 승무원으로서도 이럴 때는 어떻게 대응해야 할지 난감한 일이라 못 본 척 넘어가기도 했다.

등받이 조절 버튼이 마음대로 안 되는지 계속 만지작거리던 남자 승객의 좌석 등받이가 갑자기 뒤로 젖혀지면서 그 기세에 가발이 벗겨져 뒷좌석 승객의 발밑에 떨어지는 사건도 있었다. 뒷좌석의 승객은 남편과 동반한 고령의 여성으로 마침 식사 중이었다.

앞좌석 남성의 가발은 접시 위를 스치고 지나가 여성 승객의 발밑에 떨어졌다. 뒷좌석의 승객은 갑자기 웬 머리카락 뭉치가 하늘에서 떨어지는 바람에 깜짝 놀라는 한편 웃음을 간신히 참는 모양이었다.

한편 '머리카락 뭉치'를 날려버린 본인은 자기가 실수를 해서 가발을 날렸으면서 "이 좌석은 도대체 왜 이런 거야!" 하고 적반하장으로 화를 냈다. 나는 그 날아간 머리카락 뭉치를 어떤 방식으로, 그리고 어느 타이밍에 돌려드려야 할지 난감했지만, 이럴 때 민망해하면 오히려 분위기가 악화될 것 같아 결국 당당하게 '자주 있는 일이에요' 하는 태도로 원주인께 정중히 돌려드렸다.

그 승객은 결국 퍼스트클래스의 좌석에 익숙해지지 못했는지 발판에서 발이 미끄러져 떨어지는가 하면 등받이를 계속 왔다갔다 조절하기도 하는 행동을 반복했다. 기능을 잘 모를 때면 솔직하게 승무원에게 가르쳐달라고 부탁하는 편이 승무원 입장에서도 마음이 편하고, 승객 입장에서도 더 세련된 태도로 보인다.

제6장

퍼스트클래스는
이 점이 특별하다

비행기 안의 특별한 공간
퍼스트클래스

우선 퍼스트클래스의 운임에 대해 알아보자. 같은 퍼스트클래스라고 하더라도 항공사가 어디인지, 국제선인지 국내선인지, 비행거리는 얼마나 되는지에 따라 운임이 달라진다.

국내선은 5만~8만 엔 정도를 더 지불하면 퍼스트클래스를 이용할 수 있다. 그러나 국제선으로 가면 자릿수가 달라질 정도로 금액이 훌쩍 뛴다. 항공사나 계절, 요일에 따라서도 가격은 큰 폭으로 차이가 난다.

도쿄 나리타공항에서 뉴욕 존 F. 케네디 공항까지의 운임으로 각 등급별 좌석 요금을 비교해보자. 일본의 항공사 두 곳과 세계 각지의 사업가들에게 인기가 많은 싱가포르 항공

(SQ)의 요금을 대표로 들어보겠다.

　퍼스트클래스는 기본적으로 할인 없이 정규 운임만이 설정된다. 비즈니스석은 주주(株主) 우대권 등으로 할인받을 수 있으므로 정규 운임보다는 항공사에서 제공하는 할인 운임으로 탑승하는 경우가 일반적이다. 이코노미석은 여행사 등을 통해 할인 티켓을 구입하는 승객이 대부분으로, 정규 운임을 내고 탑승하는 승객은 거의 없다. 하지만 여기서는 비교를 위해 정규 운임을 예로 들었다. 가격은 대략 퍼스트클래스는 200만 엔, 비즈니스석은 100만 엔, 이코노미석은 50만 엔 정도다. 비율로 나타내면 4 : 2 : 1이다.

　정규 운임으로 비교했을 때가 이 정도이고, 할인 운임을 적용하면 최대 이코노미석 가격의 20배 차이가 난다. 비율로 나타내면 20 : 8 : 1 정도로 그 차이는 더 커진다. 즉 간단하게 설명하자면 비즈니스석의 가격은 이코노미석의 8배이고, 퍼스트클래스의 가격은 다시 비즈니스석의 3배다. 정확한 가격은 항공사에 따라 다르지만 이 비율은 대부분 비슷하다. 이를 보면 퍼스트클래스 좌석의 가격이 얼마나 고가인지 알 수 있다.

나리타~뉴욕 간 왕복 운임

	퍼스트 클래스	비즈니스 클래스(정규)	비즈니스 클래스(할인)	이코노미 클래스(정규)	이코노미 클래스(할인)
SQ	2,025,810엔	1,110,710엔			10만 엔 전후
JAL	2,017,500엔	1,042,400엔	727,000엔	623,400엔	103,760엔
ANA	2,017,500엔	1,213,000엔	804,600엔	555,000엔	97,000엔

이렇게 비싼 값을 지불하고 퍼스트클래스에 탄다고 해도 비행기는 내리면 그뿐이다. 비즈니스석보다 3배나 비싼 정규 요금을 지불했다고 해서 좌석이 3배로 넓어지지도 않고, 3배로 맛있는 식사가 제공되지도 않는다. 그렇다면 담당하는 승무원이 3배로 유능할까? 안타깝지만 대답은 '그렇지 않다'이다. 게다가 도착시간마저 똑같다.

그럼 혹시 퍼스트클래스가 더 안전하거나 위급한 상황에서 가장 먼저 탈출할 수 있는 특권이라도 있는 것일까? 심각한 표정으로 물어도 대답은 역시 '그렇지 않다'이다. 안전장비나 탈출 시의 우선순위가 좌석 등급에 따라 달라지는 일은 절대 없다.

그렇다면 퍼스트클래스에 타는 것은 돈 낭비에 불과하다고 여기는 사람도 분명 있을 것이다. 아니, 대부분의 사람들이 그렇게 생각할 것이다. 하지만 그렇게 생각하는 것은 그 사람이 퍼스트클래스의 진정한 가치를 모르기 때문이다. 퍼스트클래스 좌석을 고집하는 사람에게는 당연히 나름의 이유가 있다.

퍼스트클래스에 타는 사람들은 누구일까?

그렇다면 이렇게 많은 비용을 지불하면서 퍼스트클래스를 이용하는 이유는 대체 무엇일까? 그 이유를 생각하기 전에 먼저 퍼스트클래스에는 어떤 사람들이 타는지를 알아보자.

'퍼스트클래스 승객'이라는 말을 들으면 가장 먼저 떠오르는 것은 돈이 많다는 이미지일 것이다. 다시 말하자면 '부유층'이라는 뜻이다. 일본에서 말하는 부유층은 일반적으로 금융자산 1억 엔 이상을 보유한 사람을 뜻한다. 그 이상으로 올라가면 금융자산 10억 엔 이상을 보유한 '초부유층'도 있다. 이 금액은 부동산을 포함하지 않은 현금, 예금, 유가증권 등 순수한 금융자산만을 따진 금액이다. 이 기준은 미국보다는 상당히 낮다고 하지만 그래도 일반인이 보기에는 꿈만 같은 세계다. 일본의 부유층은 전체 인구의 2~3퍼센트라고 한다.

비행기 좌석의 각 등급별 구성비는 비행기의 종류나 비행 구간에 따라서 각기 다르다. 하지만 일반적으로 300석 비행기의 경우 퍼스트클래스 좌석은 9석인 경우가 많다. 현재는 여객기의 주류가 대형 점보기에서 연비가 좋은 중형기로 옮겨 가는 경향이 있기 때문에 비행기 한 대의 좌석 수는 생각보다 적은 편이다. 300석 중 9석이라면 전체 좌석 수의 약 3퍼센트에 해당한다. 즉, 앞서 말한 부유층 인구 비율과 거의 동일하다.

역설적이게도 이와 같은 부유층이 자신의 개인 돈으로 퍼스트클래스에 탑승하는 경우는 거의 없다. 퍼스트클래스 승객들은 대부분 회삿돈, 즉 경비로 탑승하기 때문이다. 비즈니스 엘리트가 공적인 업무를 위해 퍼스트클래스를 이용한다는 의미다.

경제 호황기의 퍼스트클래스 풍경

일본에 버블 경제가 한창일 시기에는 현재보다 두 배 많은 수의 퍼스트클래스 좌석이 준비되어 있었다. 그런데도 퍼스트클래스부터 먼저 예약이 마감되었다. 퍼스트클래스가 만석이어서 어쩔 수 없이 비즈니스석에 탑승하는 승객이 있었을 정도였다. 요즘 같아서는 상상조차 하기 힘든 일이다. 당시에 겪었던 일을 생각하면 나도 모르게 쓴웃음을 짓게 된다.

버블 경제 때 가장 기억에 남는 승객이 있었다. 비행기에 있는 와인 리스트를 가져오라고 요구하기에 가져다드렸다. 그랬더니 자세히 보지도 않고는 이렇게 말하는 것이 아닌가.

"이 중에서 가장 비싼 와인이 뭐지? 뭐든 상관없으니 가장 비싼 걸로."

영화에서나 나올 법한 주문이었다. 산지나 품종, 맛은 아무래도 상관없으니 비싸기만 하면 된다는 말투였다.

회사에서 지급되는 택시 탑승권을 승무원에게 나눠주는 승객이 있는가 하면, 식사 시간에 요리를 가져갈 때마다 팁으로 1만 엔짜리 지폐를 보란 듯이 찔러주는 승객도 있었다. 배포 좋은 모습을 과시하고 싶었던 모양이다.

거품이 꺼지고 기업 경영에 실패해 텔레비전에 나와 사죄 기자회견을 하는 모습을 본 적이 있는 어떤 상장기업의 전 사장은 모델이거나 레이싱걸로 보이는 젊고 예쁜 여성을 대동해 탑승한 적이 여러 번 있다. 물론 여성은 매번 바뀌었다. 승객 중 대부분은 멀리서도 금방 알아볼 수 있는 브랜드의 로고가 들어간 옷, 선글라스, 가방, 시계를 갖고 있었다. 당시 경기가 얼마나 좋았는지를 퍼스트클래스의 풍경에서 체감할 수 있었던 셈이다.

그런 승객이 넘쳐났던 덕분에 퍼스트클래스는 항상 활기가 넘쳤지만 시끌벅적했던 것도 사실이다. 그 때문에 오래전부터 퍼스트클래스를 이용해온 고객은 퍼스트클래스보다 한 급 위의 좌석을 설치해달라고 요청했을 정도였다. 모두 경제가 좋았을 때의 일이었다.

하늘을 나는
스위트룸

비행기가 두 개 층으로 구성되어 퍼스트클래스가 위층에 분리되어 있는 경우도 가끔 있기는 하지만, 대부분의 항공기에서 퍼스트클래스와 다른 좌석을 구분 짓는 것은 커튼 한 장뿐이다. 달랑 천 한 장일 뿐인 커튼 안팎에서 전혀 다른 공간이 만들어지다니, 흥미로운 일이 아닐 수 없다.

　퍼스트클래스와 다른 등급 좌석의 차이는 앉았을 때보다 누웠을 때 더 확실히 알 수 있다. 퍼스트클래스 좌석은 등받이가 완전히 펼쳐지기 때문에 누웠을 때 훨씬 더 편안하다. 이 차이는 장시간 여행을 할 때 승객이 느끼는 피로감에 상당히 큰 영향을 미친다. 밤에 숙면을 했는가 아닌가가 다음 날

업무에 얼마나 큰 영향을 미치는지는 누구나 경험한 바 있을 것이다.

두 번째로 큰 차이는 개인적인 공간이 어느 정도 확보되는가다. 어떤 기종은 퍼스트클래스 좌석이 천장까지 닿는 파티션으로 구분되어 문을 닫을 수 있는 방 형태로 되어 있는 경우도 있다. 문을 닫고 취침하는 공간이 확보되어 있다는 것은 프라이버시를 완벽하게 지킬 수 있다는 의미다. 그래서 어떤 항공사는 퍼스트클래스를 '하늘을 나는 스위트룸'이라고 표현하기도 한다.

최근에는 비즈니스에서도 격식을 따지지 않는 분위기가 확산되면서 편한 차림으로 퍼스트클래스에 탑승하는 승객도 있지만, 사업차 퍼스트클래스를 이용하는 승객은 대부분 격식을 갖춘 정장 차림에 가죽 구두를 신고 탑승한다. 시대를 반영하는 것인지, 티셔츠에 청바지를 입은 젊은 경영인도 보이기는 한다. 그러나 가볍게 집 앞에 산책하러 나온 듯한 옷차림은 피하는 분위기다. 아무래도 퍼스트클래스는 나름 사회적 지위를 갖춘 사람들이 모이는 공간이며, 그런 사람들끼리 만남을 갖는 장소가 되기도 하기 때문이다.

정장을 입은 채 하룻밤을 지낸다면 편히 쉬지 못하니 피로를 풀 수 없고, 다음 날까지 피로를 떠안고 가게 된다. 그래서 대부분의 승객이 취침시간이 되면 항공사에서 제공하는 실내복으로 갈아입는다. 최근에는 여행이란 긴장을 풀고 몸과 마음을 함께 쉬게 하는 것이라는 인식이 확산되기 시작했다. 이런 추세에 발맞추어 좌석은 편안하게 잠들 수 있는 기능을 강화하고 제공하는 실내복도 위에 걸치기만 하는 것에서 숙면을 할 수 있는 편안한 옷으로 진화해왔다. 자신만의 전용 실내복을 지참하는 승객도 있다.

옷을 갈아입은 후 승무원을 호출하면 등받이를 180도로 눕히고 요와 베개, 이불을 준비해 좌석을 부드럽고 포근한 침대로 변신시켜준다. 항공사에 따라서는 잠들기 전에 아로마테라피 서비스를 제공하기도 한다. 이불에 승객이 고른 아로마 향기를 입혀 제공하는 서비스다. 비행기 안에서도 여느 호텔 부럽지 않게 향기 가득한 잠자리에서 편안하게 꿈속으로 빠져들 수 있는 것이다. 향기를 발산하는 아로마 디퓨저를 세면도구 세트와 함께 제공하는 서비스는 이미 많은 항공사에서 실시하고 있다. 이 외에도 네일아티스트나 마사지사 등 전문 스태프가 탑승한 항공편에서 예약제로 관련 서비스를 제공하는 항공사도 있다. 물론 이와 같은 서비스는 항공사에 따라 다르다는 사실을 염두에 두자.

　비행기를 타면 짧게는 2시간에서 길게는 15시간에 이르는 장시간을 그 안에서 보내야 한다. 항상 타인의 이목이 집중되는 공공장소에서 머무르느냐, 어느 정도 프라이버시가 지켜지는 공간을 가질 수 있느냐에 따라 고객이 체감하는 피로도는 크게 차이가 난다.

　"고객님의 또 하나의 집이 되겠습니다"라는 문구를 대대적으로 광고하는 항공사도 있다. 그 정도로 개인적인 공간이 철저하게 확보되어 있다는 의미라고 할 수 있다.

업그레이드란
무엇일까?

항공사는 보통 좌석 수보다 많은 예약을 받는다. 의외라고 생각할 수도 있지만, 예약 취소가 상당히 많이 발생하기 때문이다. 항공사는 예약 취소 건수를 미리 예측해 어느 정도 예약을 받을지를 미리 정해놓고 있다.

그런데 그 예측이 빗나가 실제로 비행기를 탑승한 승객 수가 그 좌석 수보다 많을 경우, 운 좋게 한 등급 위의 좌석으로 배정을 받을 수도 있다. 이코노미석에서 비즈니스석으로 또는 비즈니스석에서 퍼스트클래스로 올라갈 수 있는 것이다. 이것이 업그레이드다. 비즈니스석의 가격으로 퍼스트클래스에 탑승해 퍼스트클래스의 서비스를 받을 수 있다. 좌석 업그레이드는 비율이 미리 정해져 있지는 않지만 기본적으로 거의 모든 비행편에 존재한다. 업그레이드 승객용 좌석이 사전에 확보되어 있는 것이다.

이처럼 항공사 측의 사정에 의해 이루어지는 업그레이드를 I/U(Involuntary Upgrade)라고 한다. 다른 항공사의 비행편이 결항하거나 비행기에 결함이 발견되어 수리해야 하는 경우가 발생하면 그 비행기의 승객들이 대부분 다른 항공사의 비행기로 옮겨오기 때문에 그럴 때도 I/U가 실시된다. I/U는 마일리지 회원 중 상급 회원, 정규 요금 승객, 항공사 관련 회사의 단체승객 등 적용되는 순서가 정해져 있으며, 그 항공사를 자주 이용한 승객이 주로 대상이 된다.

한편 승객 쪽에서 그동안 쌓은 마일리지를 사용해 업그레이드를 할 수도 있다. 항공사 측도 비즈니스석 승객을 한 명이라도 더 확보하려고 애쓰고 있기 때문에 업그레이드에 필요한 마일리지 기준을 낮추는 서비스를 실시하거나 이벤트를 진행해 고객을 유치하기도 한다.

한번은 퍼스트클래스의 승객 전부가 비즈니스석의 업그레이드 승객인 적도 있었다. 해외 출장이 잦은 사업가들은 마일리지가 금방 쌓이기 때문에 갈 때는 비즈니스석, 올 때는 퍼스트클래스로 편도를 업그레이드하는 경우도 많다.

업그레이드와는 다른 경우지만 퍼스트클래스용 좌석을 비즈니스석으로 판매하는 경우도 있다. 이런 경우 서비스는 비즈니스석과 동일하면서 좌석만 퍼스트클래스 좌석이 제공된다. 그래서 식사도 비즈니스석과 마찬가지로 쟁반에 담긴 식사를 하게 된다.

또한 흔하지는 않지만 업그레이드에 반대되는 다운그레이드도 있다. 퍼스트클래스에서 비즈니스석으로, 비즈니스석에서 이코노미석으로 하나씩 아래 단계의 좌석으로 이동하는 것을 뜻한다. 최악의 경우는 탑승하지 못하기도 한다. 다운그레이드의 원인이 예약 초과만은 아니다. 엔진에 결함이 발생하는 등의 문제로 인해 해당 항공기가 공항에 도착하지 않는 경우 대체 항공기를 이용하게 되는데, 그럴 때 기종이 변경되면서 좌석 수가 줄어드는 경우가 있다.

탑승이 불가능한 경우에는 타 항공사의 비행기에 승객을 나누어 탑승하게 하는 등의 대처가 취해진다. 승객이 이에 불응한다면 공항 호텔에서 1박을 제공하고 익일 항공편을 타게 되는 경우도 있다. 이 경우 공항 관계자의 판단에 따라 좌석이 업그레이드되기도 한다.

퍼스트클래스는
할인을 하지 않는다

퍼스트클래스는 절대 좌석 요금을 할인하지 않는다. 할인을 하지 않는 것이 퍼스트클래스를 애용하는 승객들에 대한 서비스라고 생각하기 때문이다. 가격을 내리는 순간 가치는 떨어지기 마련이다. 퍼스트클래스의 승객에게 가치가 떨어진 상품을 구입하게 할 수는 없는 일이다.

생각해보면 당연한 일이다. 에르메스와 같은 명품 브랜드가 노세일 원칙을 고수하는 것도 마찬가지다. 명품 브랜드가 혹시라도 바겐세일을 시작한다면 그 브랜드는 더 이상 여성에게 동경의 대상이 아닐 것이다. 주문하고도 2년 정도 기다려야 하고, 그나마 주문하는 것 자체도 쉽지 않기 때문에 동경의 대상이 되는 것이다. 그렇다면 퍼스트클래스에서는 어떤 서비스가 제공될까? 여기서 살짝 엿보고 넘어가도록 하자.

　퍼스트클래스에서 제공하는 최상의 서비스는 가장 먼저 예약 단계부터 시작된다. 최근에는 인터넷으로 비행기 좌석을 예약하는 사람이 크게 늘었다. 하지만 퍼스트클래스의 좌석을 인터넷을 통해 스스로 예약하는 승객은 거의 없다. 사업 목적으로 이용하는 경우에는 비서가 대신 예약하는 경우가 대부분이다. 개인적인 목적으로 비행기를 탄다고 하더라도, 퍼스트클래스를 이용할 정도의 승객이라면 전속 여행사에 언제 어디에 좀 가야겠다고 전화 한 통을 걸면 끝이다.

　그러면 여행사가 항공권, 호텔, 마중 나가는 차량까지 모든 예약을 대행한다. 호텔은 스위트룸, 공항 마중 차량은 리무진이 수배된다. 그뿐 아니라 현지에서 필요한 통역이나 가이드, 자녀를 동반하는 승객이라면 베이비시터에 이르기까지 모든 준비가 완료된다. 전속 여행사라면 고객이 일일이 요청하기 전에 이런 세세한 사항에 이르기까지 고객의 희망사항을 예상하여 미리 준비해준다. 고객은 귀찮은 일은 전혀 할 필요 없이 즐겁게 여행을 즐기기만 하면 된다. 그렇지 않으면 여행사에 대행을 의뢰하는 의미가 없다. 바쁜 사람이나 외국에

217

자주 나가야 하는 사람은 이렇게 말하기 전에 알아서 대신해
주는 것이 무엇보다 중요한 서비스에 속한다.

사람은 이렇게 최상의 서비스를 받는 데 익숙해지면 이제
단순한 편의 제공으로는 만족할 수 없게 된다. 입 밖에 내어
말하지 않아도 내 생각을 훤히 꿰뚫고 미리 실행해주지 않으
면 안 되는 것이다. 예약된 티켓은 여행사의 전속 담당자가
회사나 자택으로 직접 전달한다. 마일리지 관리도 여행사에
서 대행한다. 꼭 내가 할 필요 없는 업무는 모두 남에게 맡기
는 것이다.

퍼스트클래스 고객의 담당자는 의뢰인에 대해서라면 선호도
와 취향, 세세한 희망사항까지 모든 것을 파악하고 있으므로
일일이 물어서 확인할 필요 없이 의뢰인의 손발이 되어 움직일
수 있다. 이렇게 주위에서 잡무를 대행해주기 때문에 고객은
다른 일에 신경 쓰지 않고 일에만 집중할 수 있는 것이다.

퍼스트클래스 좌석에 착석한 뒤로는 바통 터치하여 승무원
이 그 역할을 맡는다. 퍼스트클래스를 담당하는 승무원은 승
격 시험에 합격해야 하는 항공사도 있다. 그 정도로 고도의
배려를 요구받는 곳이 바로 퍼스트클래스다.

하늘에서 누리는
화려한 만찬

비행기가 이륙한 뒤 잠시 시간이 지나면 비행 고도가 일정해지면서 수평 비행에 돌입한다. 안전벨트 착용 경고등에 불이 꺼지는 그 순간부터 퍼스트클래스에서는 최상의 서비스가 개시된다.

퍼스트클래스의 서비스는 웰컴 드링크부터 시작된다. 종이컵이 아니라 유리로 된 잔에 담긴 샴페인이 각 좌석에 제공된다. 주류는 와인과 전통주 모두 유명 상품이 다양하게 완비되어 있다. 아랍계 항공사 중에는 기내에 작은 바를 설치해 바텐더가 그 자리에서 칵테일을 만들어주는 서비스를 도입한 곳도 있다.

　술을 마시지 못하는 승객을 위한 음료도 풍부하게 갖추어져 있다. 다양한 차는 물론이고 디카페인 커피도 준비되어 있어 잠을 못 이룰까 걱정할 필요 없이 안심하고 마실 수 있다. 이는 임신 중인 승객에게도 호평을 받고 있다. 차를 내갈 때는 고급 자기로 만들어진 다기를 사용한다. 아름다운 찻잔에 담긴 따뜻한 차 한 잔은 탑승한 승객의 긴장을 풀어주는 더없이 고마운 존재다.

　와인도 여러 종류 준비되어 있어 취향에 따라 고를 수 있다. 승객이 와인을 선택하면 병째로 좌석으로 가져와 그 자리에서 개봉하여 잔에 따른다. 함께 내가는 마른안주 역시 미리 따뜻하게 데워져 있어 사소한 부분에 이르기까지 정성 가득한 서비스를 받고 있음을 실감할 수 있다. 주문할 수 있는 안주의 종류도 고급 레스토랑이 부럽지 않을 정도로 잘 갖추어져 있다. 퍼스트클래스에서 제공되는 식사는 메뉴도 서비스 방식도 다른 좌석과는 전혀 다르다.

　항공사는 사전에 승객에게 전화를 걸어 어떤 메뉴를 선호하는지를 조사한다. 물론 예약도 받는다. 일본 항공사의 경우 와규 스테이크와 같은 메뉴는 수량에 제한이 있기 때문에 꼭 먹고 싶다면 미리 예약해야 안심할 수 있다. 이코노미석에서는 대부분 고기나 생선 둘 중 하나를 고를 수 있다. 퍼스트클래스에서는 고를 수 있는 선택지의 수가 훨씬 많다. 이전에 마일리지를 사용해 좌석 업그레이드를 해서 퍼스트클래스에 탑승한 적이 있는데, 그때 제공된 메뉴는 다음과 같았다.

- 식전주와 함께 간단한 카나페가 견과류 등 짭짤한 스낵과 함께 제공된다.
- 양식의 경우 쇠고기, 닭고기, 생선 중에서 선택할 수 있다. 물론 일식 메뉴도 있다. 전채부터 선택할 수 있는 항공사도 있다.
- 육류는 굽는 정도를 주문할 수 있다. 그날의 조리실 담당자의 역량에 따라 다르지만 나는 미디엄레어를 주문했는데 딱 적당한 상태로 나왔다.
- 전채는 캐비아와 프로방스산 스위트와인 풍미의 푸아그라 테린
- 사워 크림을 곁들인 단호박 크림 수프
- 일본풍 무즙 소스를 곁들인 가고시마산 쇠고기 안심 스테이크
- 계절 과일
- 치즈도 제공되었고, 홍차로 마무리했다.

퍼스트클래스에서 제공되는 식사에는 목적지의 유명 식재

료가 사용되었고 요리에 사용하는 소금 하나마저도 고급품이었다. 이 외에도 가이세키 요리(會席料理, 주로 연회에서 제공되는 일식 코스 요리-옮긴이)를 선택할 수도 있다. 일본에서 손꼽히는 고급 식재료가 한자리에 모였을 뿐 아니라 기내에서 '갓 지은 밥'을 먹을 수 있는 호사스러운 메뉴다. 기내에 취사 장비를 들여오는 데만도 몇백만 엔의 경비가 소요된다고 한다. 후식도 케이크를 비롯하여 푸딩, 초콜릿, 아이스크림, 셔벗에다 다채로운 계절 과일까지 배가 부른 정도에 따라 마음대로 선택할 수 있다.

퍼스트클래스에서는 제공되는 음식만이 아니라 식사를 즐기는 분위기도 중요하게 생각하기 때문에 네모난 쟁반 한 장에 모든 음식을 한꺼번에 담아서 내가는 일은 없다. 마치 레스토랑에서 식사를 할 때처럼 이동식 식탁에 식탁보를 깔고 식사를 준비한다. 식사를 할 때 식탁보를 까는 것은 비즈니스석에서도 동일하지만, 서비스의 내용에는 큰 차이가 있다. 냅킨이나 젓가락 같은 소모품까지도 고급품이 준비된다. 하늘 위에서 지상과 다름없는 본격적인 만찬을 즐길 수 있는 것이다. 퍼스트클래스에는 무엇이든 가장 좋은 것을 가장 빨리 제공한다. 그 이름대로 모든 것이 퍼스트, 가장 우선이 된다. 즉 기다리는 일 없이 최상의 상태에서 즉시 즐길 수 있다는 의미다.

음식과 음료는 입에 넣었을 때 가장 맛있게 느껴지는 상태가 있다. 따뜻한 음식은 따뜻한 동안에, 차가운 음료는 차가운 동안에 제공해야 가장 맛있는 시간 안에 맛을 즐길 수 있다. 이 타이밍을 맞추는 것은 쉽지 않은 일이다. 샐러드나 드레싱은 냉장고에서 꺼내 조금만 시간이 지나도 금세 미지근해지고, 따뜻한 수프도 식어버리면 제맛을 느낄 수 없다. 특히 퍼스트클래스의 승객은 입맛도 까다롭기 때문에 만족감을 제공하기 위해서는 더욱 세심하게 신경을 써야 한다.

그리고 무엇보다도 퍼스트클래스에서는 승객 개개인이 자신의 식욕과 배고픈 시점에 맞추어 먹고 싶을 때 언제든지 식사를 주문할 수 있다. 이 점이 승객의 입장에서 가장 유용한 최상의 서비스라 할 수 있을 것이다.

퍼스트클래스에서는 이름을 부른다

퍼스트클래스에서는 승객을 승객이나 고객님이라고 부르지 않는다.

"○○ 님, 오늘은 저희 △△항공 퍼스트클래스를 이용해주셔서 감사합니다."

이런 식으로 고객의 이름을 부르며 인사를 건넨다.

이런 서비스는 첫 인사에 그치는 것이 아니라 그 후로도 계속된다. 이전에 그 항공사의 비행기를 이용하던 중 승무원의 서비스를 칭찬한 적이 있다면, 다음에 탑승했을 때 "이전에 ○○했을 때 칭찬의 말씀을 남겨주셔서 감사합니다"와 같은 식으로 그에 대한 언급을 곁들인다.

이전에 탑승했을 때 승무원에게 허리가 아프니 쿠션을 가져다달라고 부탁했다면 그것도 고객 정보로 보존된다. 그리고 다음에 비행기에 타면 승무원이 "○○ 님, 이전에 허리가 아프다고 하셨는데, 지금은 괜찮으신지요?" 하고 확인을 한다.

고객 정보로 보존하는 것은 이런 것에 그치지 않는다. 서비스에 대해 불만족을 표시하는 경우도 마찬가지로 기록으로 남긴다. 매번 동일한 이유로 불만을 표출하는 승객도 있기 때문에 자세한 내용을 기록으로 남겨 알아둘 필요가 있다.

물론 앞에서 퍼스트클래스에 탄다는 것이 곧 인격자라는 의미도 아니며 따라서 존경할 만한 대상이라고 잘라 말할 수 없다고 말한 바 있다. 그 일례로 이런 승객이 있었다. 그 승객은 비행기가 이륙한 뒤 도착하기까지 내내 승무원에게 고함을 지르고 끝없이 자기 자랑을 늘어놓았다. 자기 과시의 끝에는 이런 말까지 나왔다.

"내가 비행기를 일 년에 몇 번 타는지 알아? 열한 번이야. 나한테 딸린 식구들까지 포함하면 매년 2억 엔씩은 이 회사에 주고 있다고. 너희 급료도 내 주머니에서 나온 거나 마찬가지야."

이런 식으로 주위를 시끄럽게 하는 승객을 승무원 사이에서는 'UUU'라는 은어로 부른다. 이런 승객이 탑승할 때면 승무원들은 미리 정보를 공유하고 서비스를 할 때 더욱 세심한 주의를 기울이려고 노력한다. 그래서 힘들기는 하지만, 생각하기에 따라서는 승무원의 마음가짐을 다시 한번 점검하고 끈끈한 팀워크를 다지게 하는 교관과도 같은 존재라고도 할 수 있다.

항공사는 종횡의 연락이 철저하다. 퍼스트클래스 승객은 특별하기 때문에 고객 정보를 모든 승무원이 공유한다. 회사명, 직위, 탑승 횟수, 항공사 멤버십의 회원 등급 등 구체적인 고객 정보가 사전에 승무원에게 배부된다. 승객의 이력을 숙지하고 그에 맞추어 서비스를 제공하기 위함이다. 이런 정보는 대화의 실마리가 되기도 하고 승객의 지시사항을 이해하는 데도 도움을 준다.

퍼스트클래스 승객은 펜을 빌리지 않는다

초판 1쇄 | 2013년 9월 2일
개정판 4쇄 | 2023년 11월 28일

지은이 | 미즈키 아키코
옮긴이 | 윤은혜

발행인 | 박장희
부문대표 | 정철근
제작총괄 | 이정아
편집장 | 조한별
마케팅 | 김주희 한륜아 이나현

표지디자인 | [★]규
내지디자인 | 변바희

발행처 | 중앙일보에스(주)
주소 | (03909) 서울시 마포구 상암산로 48-6
등록 | 2008년 1월 25일 제2014-000178호
문의 | jbooks@joongang.co.kr
홈페이지 | jbooks.joins.com
네이버포스트 | post.naver.com/joongangbooks
인스타그램 | @j__books

ISBN 978-89-278-1176-3 03320

중앙북스는 중앙일보에스(주)의 단행본 출판 브랜드입니다.